Gabriele Gysi • Gregor Gysi

Unser Vater. Ein Gespräch

aufbau

GABRIELE GYSI
GREGOR GYSI

Unser Vater

Ein Gespräch

Herausgegeben
von Hans-Dieter Schütt

aufbau

MIX
Papier aus verantwortungsvollen Quellen
FSC® C083411

ISBN 978-3-351-03842-7

Aufbau ist eine Marke der Aufbau Verlag GmbH & Co. KG
1. Auflage 2020

Einbandgestaltung zero-media.net, München
Satz und Reproduktion LVD GmbH, Berlin
Druck und Binden CPI books GmbH, Leck, Germany
Printed in Germany

www.aufbau-verlag.de

Wenn ich beschloss, dann musst ich erst beginnen.
Ruh suchend, ging ich fort von meinem Bett.
Wo ich verlor, da sollt ich meist gewinnen.
Hungerverzehrt stand auf ich vom Bankett.
Ich fühl mich fliegen, doch ich möchte gehen.
Tief im Erfassen, handelnd wie ein Narr.
Freudeverzückt mitten in Höllenwehen.
Was ich ganz scheine, dessen bin ich bar.

STEPHAN HERMLIN

Ja, wir haben schon in interessanten Jahrzehnten gelebt, freilich auch gefährlichen, man konnte schnell unter die Räder kommen. Und Kommunismus in unseren Jahren, was für ein Acker, na ja. Und sehen wir uns an, wie sich die Reihen gelichtet haben, die Reihen der Matadoren. Und was noch nicht unter der Erde ist, das ist am Ende seiner Kunst. Es war schon was los zwischen Kriegsende und Ende Kalter Krieg. Ich rede sehr optimistisch, vielleicht ist er noch nicht zu Ende.

HORST DRESCHER

»Immer Zusammenhalt.« Familie Gysi, 1991. Hinten (v. l.): Birgid Gysi, Irene Gysi, Monika Koepp (damals Lebensgefährtin von Gregor Gysi). Vorn (v. l.): Klaus Gysi, Gabriele Gysi, Gregor Gysi, sein Sohn George

GENOSSE WELTBÜRGER

Alles war gewonnen, alles war verloren,
als die Mauer fiel.
GÜNTER GAUS

Nach Johannisthal, in den Südosten Berlins, fahre ich nicht, um ein Streitgespräch zu erleben: Es geht im wortwörtlichen Sinne familiär zu. Gabriele und Gregor Gysi werden sich über ihren Vater Klaus Gysi unterhalten. Ein kalter Tag. Es regnet. Regen, der gegen ein balkonbreites Fenster schlägt, bekommt sofort einen Anhauch von Prunk. Kraft, diesen Regen auszulösen, trifft auf Kraft, ihn abzuhalten. Drinnen ist es angenehm. Gemütlich. Das Wort auszusprechen – würde mir hier das als kleinbürgerlich angerechnet?

Erst Kekse, dann Gulasch. Dem Bruder sieht man die Lust an, bei der Schwester zu essen. Die Schwester genießt, dass es der Bruder genießt. Ältere Schwester, jüngerer Bruder. Ich kann als Einzelkind nur ahnen, dass dies seine ganz eigenen Energiefelder hat.

Ein Gespräch über Klaus Gysi. Ein Leben von 1912 bis 1999. Der studierte Volkswirtschaftler war Chefredakteur, Herausgeber, Aufbau-Verlagsleiter, Kulturminister, Botschafter, Staatssekretär; politisch entwickelte er sich zum Kommunisten, zum Antifaschisten, zum SED-Genossen, zum demokratischen Sozialisten. Das Gespräch über den Vater ist ein Gespräch über Träume, in denen Traumata lauerten wie Viren in (scheinbar) saubersterGegend. Kein Parteisoldat war er. Kein fraglos Diensthabender. Nein, sehr gelenk noch, wenn es um ein Befolgen ging; sehr locker, auch wenn die geschlossene Reihe angesagt war. Sehr geschickt zudem, wenn eine rhetorische Pose stärker wirken sollte als das verunsicherte Ich. Ein Mann der Konferenz wie der Conference. Dieses Leben durchmaß einen Krieg, vier deutsche Staaten, drei Parteien. Alles erträumt, vieles gesehen, vieles verloren, nichts Wesentliches aufgegeben. Tugend oder Makel?

Nun, da sie über ein Vierteljahrhundert nicht mehr existiert, kann die DDR ausgemalt werden in allen nur verfügbaren Farben. Hell und dunkel. Zu hell, zu dunkel. Nicht hell genug, nicht dunkel genug. Je nachdem, wie man selber gelebt hat oder gelebt haben möchte. Die Fakten des Aufbaus, des Untergangs sind bekannt. Legendenverfasser und Enthüller gingen beizeiten ans Werk, das Heulen der Reißwölfe haben wir gehört, die Tagebücher der wahren und falschen Helden sind veröffentlicht, die Kommissionen gaben Bericht, die Literatur suchte in Provinzen den Weltgehalt, die Filmindustrie hat marktbewusst kolportiert. Einige Gräben von damals konnten zugeschüttet werden, andere ziehen sich als Zeichen der Unversöhnlichkeit noch immer durch die Landschaft.

Was mich an diesem Gesprächsnachmittag bewegt, was mir mit dem Dialog zwischen G. G. und G. G. einmal mehr klar wird: Wahre Freiheit ist mehr, als man darf; es ist auch die Freiheit einer persönlichen Erinnerung, die im eigenen Leben mehr sieht als nur den individuellen Beleg eines geschichtlichen Urteils. Solches Erinnern – etwa an den eigenen Vater – muss freilich auch dort, wo es sich verteidigt, Frage bleiben. Es muss die Spannung aushalten wollen zwischen Selbstbehauptung und Selbstzweifel. Erinnerung lässt sich nicht fesseln – und möge doch Verstrickung nicht leugnen. Erinnerung ist Sand im Getriebe. Immer bleibt Leben eine Reihe von Wendepunkten, an denen etwas geschah, was so nicht unbedingt hätte geschehen müssen. Aber wir sind nun einmal das, was mit uns, in uns, durch uns geschah – wie steht dies im Verhältnis zu dem, was nicht hätte geschehen müssen? Und wie wird Leben wirklich so erzählbar, dass sich Selbstgestaltung behaupten und möglicherweise sogar Logik belegen lässt? Kinder fragen sich selbst, und sie spüren: Die Fragen vereinen sie mit den Eltern, die nicht mehr antworten. So bleiben die Fragen, das ist die wesentliche Antwort, die das Leben gibt. Immer, überall.

Klaus Gysi war zu fantasievoll für das rein Pragmatische, und er war zu energievoll für ein Dasein nur auf dem Bremspedal der Vorsicht. Er war in allen politischen Funktionen ein Techniker, der zugleich Artist zu sein hatte. Er war gern Artist. Er wurde von seiner Partei dorthin gerufen, wo es brannte, und seine Aufgabe bestand oftmals darin, das Feuer gleichsam in Papiertüten außer Reichweite zu schaffen. Durchstellen – mit Diplomatie. Durchgreifen – mit Feinsinn.

Schriftstellerin Brigitte Reimann sprach vom »schlauen kleinen Faun«. Der »Spiegel« im Nachruf 1999: »Er war jahrzehntelang das eloquente kultur- und kirchenpolitische Aushängeschild der DDR.« In der »Zeit« schrieb Christoph Dieckmann: »In der DDR machte Klaus Gysi eine erstklassige Karriere zweiter Qualität. Ein verlässlicher Opportunist der Macht, die er durchschaute, aber nie verriet. Über allem waltete ein Höheres: Glaube.« Elmar Faber, nach Gysi und Fritz-Georg Voigt der fünfte Aufbau-Chef (bis 1992): Gysi sei ein »Bohemien in sozialistischer Zeit« gewesen, ein »Filou, auf welchem Parkett er auch auftrat«. Der Genosse Weltbürger.

Am 16. August 1945 sitzen er sowie der Journalist Heinz Willmann, der Verlagsbuchhändler Kurt Wilhelm und der Verlagskaufmann Otto Schiele bei einem Berliner Notar, sie gründen den Aufbau-Verlag. 1250 Reichsmark Anfangskapital. Exilierte Kommunisten in Moskau hatten dieses Unternehmen vorgedacht.

In einem Gespräch mit Johannes R. Becher und Klaus Gysi fragt der Chef der sowjetischen Militäradministration, Professor Sergei Tjulpanow, wieso im ersten Verlagsprogramm die deutsche Klassik vertreten sei. Ist denn solche Überforderung ein guter Beginn? Goethe quasi gleich im Grundbuch? So viel Erhabenheit, so viel Hoheitston, da die Trümmer noch rauchen? Geht es nicht bescheidener? Es ist Gysi, der darauf verweist, dass die Nazis ihre verbrecherischen niederen Ziele just mit den hehren Klassikern verbrämt hatten – und deshalb sei die neue Ordnung zu genau jener Literatur verpflichtet, die eine Ehrenrettung der himmelhoch singenden Maßstäbe betreibe.

Die Gründer treten ihre Anteile kurz darauf an den von Johannes R. Becher geleiteten »Kulturbund zur demokratischen Erneuerung Deutschlands« ab – dieser Bund hat von der sowjetischen Militäradministration auch die Verlagslizenz erhalten. Gysi wird die Monatsschrift »Aufbau« leiten. Bertolt Brecht und Georg Lukács, Victor Klemperer und Bernhard Kellermann gehören zu den ersten Autoren. Auch Ernst Wiechert und Ehm Welk. Dietrich Bonhoeffers Gedichte aus der Haft erscheinen.

Bald schon regen sich jene, die von Hitler verjagt worden waren, Widerstand geleistet hatten und nun eine Übervorteilung der Bürgerlichen fürchten – die Arbeiterschriftsteller: Willi Bredel, Hans Marchwitza, Adam Scharrer, Hans Lorbeer, Erich Weinert. Letzterer verweigert demonstrativ die Mitgliedschaft im Kulturbund. Die Organisation wird gedrängt, sich deutlicher als Standort der SED auszuweisen. Wilhelm Pieck rügt die ideologische Zurückhaltung des Kulturbundes, auch der »Aufbau« publiziere zu wenig klassengebunden. Pieck nennt Johannes R. Becher sogar einen »politischen Ignoranten«. Starker Tobak. Becher konstatiert verhalten traurig »eine unzulässige Überheblichkeit führender Genossen ... ich möchte sogar sagen, dass unsere Intellektuellenarbeit zurückbleibt hinter der Arbeit, die wir vor 1933 auf diesem Gebiet geleistet haben«.

Die früh sich verschärfende Ideologisierung vertreibt den Verlagsleiter Kurt Wilhelm, er setzt sich zwei Jahre nach Kriegsende nach Stuttgart ab. Sein Nachfolger heißt Erich Wendt, Schriftsetzer und Staatssekretär. Ihn beerbt Walter Janka, der Typograf aus Chemnitz, im mexikanischen Exil Leiter des Verlages »El Libro Libre«. Klaus Gysi wird 1957 der vierte Aufbau-Chef sein. Zu seinen Amtszeiten kommt Ruetten & Loening hinzu, ein Verlag, den von 1951 bis 1956 Gysis Frau Irene geleitet hatte. Aufbau wird das größte belletristische Unternehmen der DDR. Das größte und anspruchsvollste. Aufbau – das ist Repräsentanz. Vor allem des großen literarischen Geistes.

Die frühen Jahre der DDR. Politisch eine Ballung an Weichen, Wegscheiden und gesellschaftlichen Schärfungen. Heinrich Mann starb, bevor er sein Amt als Präsident der Akademie der Künste antreten und den teilweise ordinären Aufeinanderprall von Geist und Macht mit dämpfen helfen kann. Das Ministerium für Staatssicherheit war eingerichtet worden. Brechts Berliner Ensemble verstört die Linienzieher. Die sogenannte Kunstkommission der Partei steigert ihren Begradigungsfleiß. In Weimar hatte Thomas Mann eine seiner berühmten Schillerreden gehalten. Im Hörsaal 40 der Leipziger Universität lehren Hans Mayer Literaturgeschichte und Ernst Bloch Geschichte der Philosophie. Längst war das Berliner Stadtschloss abgerissen worden – ein warnendes Ausrufezeichen des proletarischen Staates, wie mit einem speziellen kulturellen Erbe umzugehen sei. Das deutsche PEN-Zentrum spaltet sich in Ost und West. Der 17. Juni 1953, die Pariser Verträge, der Warschauer Pakt. Kalter Krieg. Die Kriegskälte zu schüren – auf beiden Seiten geschieht es mit heißem Bemüh'n. 1956 schließlich: der Aufstand in Ungarn. Er demoliert folgenreich die Oststaaten-These von der Einheit zwischen Volk, Partei und Regierung.

In der Liberalisierungsperiode nach dem Tod Stalins treten – in der Autorschaft des Verlages – Ernest Hemingway, Jean-Paul Sartre, George Bernard Shaw, Alberto Moravia und Halldor Laxness neben die russischen Klassiker. Und natürlich fällt man in der Leitung, wie überall im Verlagswesen, krasse Fehlurteile. Erste Manuskripte von Franz Fühmann, Günter Kunert, Christa Reinig und Uwe Johnson werden abgelehnt. Solche Dinge geschehen vor der Amtszeit Gysis, während seiner Amtszeit, nach ihm. Das Verlags-Wesen hat Geist; aber Macht, sich gegen die Macht durchzusetzen, hat es nur beschränkt.

Am 22. November 1956 kommt es im Gemeinschaftsraum des Aufbau-Verlages, Französische Straße, zu einem Gespräch zwischen Mitarbeitern des Hauses und dem amtierenden Kulturminister Johannes R. Becher, als Lyriker selber Autor des Verlages. »Es ging bald ziemlich hoch her«, beschreibt der damalige Redakteur der Monatsschrift »Aufbau«, Rolf Schneider, das Treffen (»Der Spiegel«, 23/1990). »Der 20. Parteitag der KPdSU, auf dem Nikita Chruschtschow die blutigen Verbrechen des 1953 verstorbenen Diktators eingestanden hatte, lag erst wenige Monate zurück. Seither wurde über mögliche oder notwendige Konsequenzen für die DDR gegrübelt.«

Als besonders hartnäckige Inquisitoren ihres Ministers hätten sich, wie Schneider schreibt, Walter Janka und Wolfgang Harich erwiesen. Der eine: Direktor des Aufbau-Verlags, der andere: Lektor. Janka eher still und zart, Harich laut und vorpreschend. Verehrer von Georg Lukács, der im Budapester Intellektuellen-Zirkel, dem Petőfi-Klub, den ungarischen Reformkurs mit angestoßen hatte.

Was mit Johannes R. Becher diskutiert worden war, bleibt brodelndes Thema im Verlag. Jetzt endlich Kompetenzschub für Gewerkschaften! Jetzt endlich Arbeiterselbstverwaltung! Jetzt endlich die Reprivatisierung der Landwirtschaft! Und: Walter Janka in die SED-Parteiführung, Ernst Bloch ins Amt des DDR-Staatspräsidenten!

Leichtfertige geistige Kapriolen, ein Intellektuellen-Spiel. Ein äußerst gefährliches Spiel. Spiel? Walter Janka, Wolfgang Harich werden verhaftet, verurteilt. Der eine zu zehn, der andere zu fünf Jahren Zuchthaus. Janka wird später, zumindest nach außen hin, seinen resignativen Frieden mit der DDR machen. Er wird ein Buch schreiben, »Schwierigkeiten mit der Wahrheit«. Harich schreibt ein Gegenbuch: »Keine Schwierigkeiten mit der Wahrheit«. Verlässlicher Hass zwischen den einstigen Gefährten.

Im Verlag brechen 1956 Wochen eines drückenden Provisoriums an. Überall Argusaugen. Die Atmosphäre ist von Abwarten und Abtasten geprägt. Wie es in Beethovens »Fidelio« heißt: »Wir sind belauscht mit Ohr und Blick« – die Stasi ist ein Klassiker. Klaus Gysi übernimmt. Und es tut gut, wenn ein Bedeutender wie Leonhard

Frank im Januar 1958 an ihn schreibt: »Ich will Ihnen heute nur schnell sagen, dass ich selbstverständlich nicht die Spur eines Misstrauens gegen Sie oder den Verlag habe. Ich hatte in meinem Leben nie einen Verleger, der so vollkommen korrekt war wie Sie, mein Lieber.«

Aufbau-Verlag, das heißt jetzt vor allem: Ruhe bewahren – wie man ein Erbe bewahrt. Ruhe in Vergatterungszeiten? Ja. Beim geistigen Marschtritt doch auch ernsthaftes Bemühen um Weite. Versuche der Grenzüberschreitungen. Ankämpfen gegen jene Scheu, die naturgemäß westliche Autoren ergriff. Als im Aufbau-»Almanach neuer deutscher Literatur« 1962 als Vorabdruck Auszüge aus Martin Walsers Roman »Ehen in Philippsburg« erscheinen sollen, schreibt der Autor im September 1961 an Gysi: »Ich weiß nicht, ob Sie dem Abdruck eine Einleitung voranstellen wollen. Falls Sie diese Absicht haben, möchte ich Sie bitten, nur Daten mitzuteilen, nicht aber zu interpretieren. Sie wissen selbst, wie im Augenblick alles von allen benutzt wird, um irgend etwas zu beweisen. Das heißt, ich möchte mich nicht in die Propagandamühlen hineinschubsen lassen, weder hier noch dort. Entschuldigen Sie diesen Hinweis, vielleicht war er ganz unnötig. Aber wenn ich (als Rand-Deutscher) so zusehe, was die Landsleute im Herzen des ›Vaterlandes‹ gegeneinander anrichten, dann muss ich mir zumindest Umsicht empfehlen und alles Mögliche bedenken.«

Noch einmal Rolf Schneider, er fragt nach den Erfolgschancen der damaligen SED-Opposition, hätte sie denn möglicherweise gesiegt. »Diese Frage ist leicht zu beantworten: Diese Chancen waren gering. Der Sozialismus, dieser gewesene jedenfalls, braucht zu seiner Existenz die Autokratie und den Terror, anders bricht er zusammen. Substantielle Reformen sind sein Untergang. Die Stalinisten wussten das. Alle Reformer, einschließlich des Michail Gorbatschow, wussten es wohl nicht.« Freilich verweist der Autor auf mahnende Stimmen, die es zu allen Zeiten gegeben habe. »Warum haben wir nicht auf sie gehört? Wir blieben gleichwohl bei der Sache. Jetzt stehen wir da und sehen, wie unsere Utopie zerfällt. Wir wissen, dass dieser Vorgang folgerichtig und unumkehrbar ist. Gleichwohl gedenken wir unserer Vergangenheit mit Wehmut.«

Die Zwänge, unter denen auch Gysi agiert: die Windungen, das Wirsche. Der Weisungsunterton, wo doch überzeugt werden möge. Immer erwächst auch die literarische Öffentlichkeit in der DDR über das Lavieren, das Lancieren an Fallen entlang. Zu deren verteufelter Wirkung die Unsicherheit zählt, ob man sie nicht selber mit aufgestellt hat …

Unabwendbar ist also auch Gysi ans ideologische Mahlwerk gebunden. Fördern und hinhalten, anschieben und abwiegeln, unterbinden und unterlaufen. Aber: Im Taktischen taktvoll bleiben und im Entscheiden möglichst kein Vertrauen aufs Spiel setzen. Die Spagatkunst. Das kann er. Das will er. 1963 erscheint Erwin Strittmatters Roman »Ole Bienkopp«. Gunnar Decker in seinem Buch »Der kurze Sommer der DDR«: Im Aufbau-Verlag sei auch Klaus Gysi »nicht verborgen geblieben, wohin ›Ole Bienkopp‹ zielt: ›Wir lesen aus dem Roman die Tendenz, dass unser Leben ohne Parteiapparat und Staatsapparat auskommen könnte.‹« Strittmatter nennt Gysi einen »Hans-Dampf-Verlagsleiter«.

Im Fernsehinterview »Zur Person« vom November 1990 sagt Günter Gaus zu seinem Gesprächspartner: »Wenn Sie sich heute prüfen, Herr Gysi, dann hätten Sie Jankas Nachfolge als Verlagsleiter ablehnen müssen.«

Gysi überlegt, antwortet dann: »Wenn ich's von heute aus sehe, ja.« Um dann zu relativieren: »Ich bin mir nicht sicher, ob ich nicht doch richtig gehandelt habe.« Der Prozess gegen Janka sei schlimm gewesen, aber, so der Vierteleigentümer des Verlages, »meine Nachfolge lag natürlich auf der Hand. Eines meiner Motive war ganz einfach das: Wenn du das jetzt übernimmst, dann gibt's erstens 'ne Chance, die Arbeit von Walter Janka fortzusetzen, und zweitens, überhaupt den Aufbau-Verlag in einem vernünftigen Rahmen weiterzuführen. Vielleicht war etwas Opportunismus dabei. Vielleicht etwas Feigheit. Aber ich glaube, dass das bei mir damals nicht die große Rolle spielte. Die große Rolle spielte eigentlich die Auffassung, dass es schon besser ist, ich mach das. Ich hätte übrigens damals ohne Aufsehen ablehnen können.«

Arbeit am Werk DDR, das war Zukunftsarbeit, gekoppelt an Enge – es schuf und hinterließ, je nach innerer Verfasstheit der Handelnden: Tapfere und Taumelnde, Hartgesottene wie Weichgesottene, Verbissene wie Verzweifelnde. Klaus Gysi war begnadet mit Distanzfähigkeit, ohne unberührbar und kalt zu werden. Heiner Müller: »Er konnte umgehend entwaffnen, entschärfen, andere verdutzen, und man sah ihm die Freude an, auf die Art aus Zwickmühlen rauszukommen. Ich glaube, er zergrübelte sich nicht an den falschen Stellen.«

Im Dezember 1965, auf dem 11. Plenum des ZK der SED, kommt es zum offenen Härtefall. Die Parteiführung deutet das produktive Prinzip von Zweifel und Kritik, das jeder Kunst eigen ist, in einen kleinbürgerlichen »Skeptizismus« um – der energisch zu bekämpfen sei. Und der tatsächlich bekämpft wird, so energisch und wie entschieden. Filmverbote sind die Speerspitze eines Zensur- und Kontrollrausches. Es beginnt ein extrem rücksichtsloser Kampf der Ideologie gegen die Kultur.

Zensur – das Arbeitsfeld für alle, die mit Kulturpolitik zu tun haben, auch für Gysi. Erst als Verleger, bald als Minister. Er präsentiert sich als eine oszillierende Mischung aus Festigkeit und Leichtfüßigkeit. Groteske Winkelzüge mitunter, beckmesserisches Geplänkel. Eine Lebensart, die auch zum Pfund für heutige abfällige Vergangenheitsbewertungen wurde. Für eine Behandlung von Vergangenheit, der man bezeichnenderweise das Wort von der »Bewältigung« beigesellt hat. Dem untergegangenen Staat ist heute so gut und leicht am Zeug zu flicken. Ritterlich? Konjunkturritterlich. Flickwerk! Noch einmal Elmar Faber: »Nach der Wende nun hat es eine einseitig illuminierte Geschichtsbetrachtung fertiggebracht, die DDR-Verlagsgeschichte als einen unablässigen Strom von Zensurmaßnahmen darzustellen. Das war sie nicht. Die Zensur war ein Teilaspekt des Verlagsschaffens, der aber den eigentlichen Gegenstand verlegerischer Arbeit, die Pflege von Autoren, von Literatur sowie die Inszenierungskunst von Büchern nicht verdunkeln konnte.«

Nach dem Plenum 1965 war Kulturminister Hans Bentzien zu Ministerpräsident Willi Stoph beordert worden. Im Vorzimmer sitzt Klaus Gysi. Da sei für ihn, so Bentzien in seinen Erinnerungen, alles klar gewesen. »Was er mir vorwerfe, fragte ich Stoph. Er antwortete knapp: ›Sabotage.‹ Ich fragte: ›Wann werde ich erschossen?‹ Damit ging ich. Am nächsten Tag übergab ich die Unterlagen.«

Sozialistisches Kaderkarussell. Gysi ist nun Ulbrichts letzter Kulturminister: Funktionär einer Zwischenzeit. Er sollte wieder beruhigen. Aber die Erschütterungen des Systems werden kaum mehr zu heilen sein. Durch ihn schon gar nicht. Das Karussell dreht sich. Der Minister wird sieben Jahre später von Honecker abgelöst, wird dessen erster Abgesandter in Italien. Was plötzlich sehr wichtiger ist, wegen IKP-Chef Berlinguer, wegen dem Vatikan – die DDR im Rausch der diplomatischen Anerkennung. Gysi, so der Katholische Informationsdienst damals, sei prädestiniert für das Mediterrane: »Das glänzende, luxuriöse und doch morbide Gesellschaftsleben Roms muss ihn fasziniert haben.« Der Süden als Stätte, wo überbordende Sinnlichkeit verströmt, also die Lust auf Sinnliches genährt wird.

Als Staatssekretär für Kirchenfragen folgt Gysi 1979 auf Hans Seigewasser. Er wird zum Vermittler zwischen Kräften, die sich zwar nicht den Staat teilen, aber durchaus Teile der Bevölkerung. In die letzte Zeit seines Amtes fallen der staatliche Übergriff auf die Umwelt-Bibliothek in der Berliner Zionsgemeinde, die verstärkten Repressalien gegen kirchliche Menschenrechtsgruppen. Der Evangelische Kirchenbund fordert Gespräche zu Wehrdienstfragen – Gysi sagt zu, Gysi sagt ab; das Verhältnis zwischen dem Moderator und seinen innerparteilichen Schaltstellen ermöglicht immer weniger Verlässlichkeit und Verbindlichkeit.

Wäre dieses Buch aus staatsapparatlicher Innensicht geschrieben, käme wohl sehr deutlich zutage, was die Kinder dieses sehr speziellen Funktionsträgers in ihrem Gespräch nur anklingen lassen können: ein Funktionsdasein in höherer Etage als ein Leben ganz in mittelmäßigster Menschenart: rundum Petzereien, Missgunst, Hofstaatsgebaren. Es ist zu ahnen, dass auch Klaus Gysi in einem Existenzraum agierte, in dem die Mühe, sich selbst treu zu bleiben, ständig auf die Mürbung traf, nichts wirklich ändern zu können.

Vielleicht hat Gysis späte Arbeit als Staatssekretär für Kirchenfragen mehr als seine früheren Tätigkeiten im Kulturbereich jene Wahrheit offenbart, die es nach wie vor schwer hat in der Geschichtsschreibung: Wer die Kategorie des Politischen innerhalb einer Oppositionskultur nur an den ausdrücklichen Zweck bindet, ein Regime möglichst direkt zu treffen und auszuschalten, der unterschätzt Verhaltensspielräume innerhalb der Strukturen und verkennt die eigentlichen Machtverhältnisse auch des

»Minister zwischen Festigkeit und Leichtfüßigkeit« VI. Deutsche Kunstausstellung 1967. Vorn (v. l.): Klaus Gysi, Kurt Hager, Lotte Ulbricht, Lea Grundig, Walter Ulbricht, Erich Honecker

SED-Staates. Diese Strukturen waren trotz Einheitspartei nicht monolithisch. Es gab eine komplizierte Verflechtung (kaum Berührung!) von konfrontativer oder listiger Dissidentenschaft der einen und der kritischen Treue jener, die innerhalb der SED und bei sehr grundsätzlicher Übereinstimmung mit dem System doch ebenfalls für eine Erneuerung eintraten. Und die dafür im ständigen Widerstreit von Einsicht, offener Kritik und versteckten Winkelzügen aufrecht und loyal zugleich zu leben versuchten. In jenen rätselvollen Stunden der Ratlosigkeit und einer großen Pein des Gescheitertseins, spätestens 1989, hatte sich in der Kaderpartei doch längst eine »Herzkammer« für die bittere eigene Lage geöffnet. Klaus Gysi wurde bereits 1988 als Staatssekretär entlassen. Das Politbüro war unzufrieden mit ihm geworden.

Man kann das Leben von Gysi, wenn man distanziert bleibt, als Warnung gegen das Engagement lesen, als eine mahnende Matrix für jene Selbstfeiern der Unbelangbarkeit, wie sie ungefährdeten Nachkommen sehr leicht in den Sinn kommen. Ja, Gysi war im direkten Sinne auf Posten, er verschrieb sich einer von Idealismus und realpolitischem Druck gleichermaßen beeinflussten Disziplin. Aber welcher einigermaßen geistfähige Mensch weiß denn nicht, dass Bindung in jedem Falle auch Fesselung bedeutet? Wer je handelt, der befreit und beschädigt sich zugleich, in einander widerstreitenden Teilen.

Jedes Gespräch über die Vergangenheit ist ein Gespräch über die Gegenwart. Erfahrungsgemäß möchte man immer lohnender gelebt haben, als es der Fall war. Der Bus nach Johannisthal fährt an alten Wohnhäusern vorbei, an denen man jene abgeschabten Buchstaben studieren kann, die an Kolonialwarenläden und Kohlehandlungen erinnern. Berlin ist noch immer ein Paradies des Ruinösen. Angesichts der verblassenden Zeichen lassen wir uns von der falschen Vermutung überwältigen, diese Signale kündeten von der »guten alten Zeit«. In der witterungsbedingten Tilgung solcher Inschriften müssen wir leider eine Ahnung jener groben Art erkennen, mit der auch unser eigenes Dasein eines Tages betrachtet wird: als eine mehr und mehr verblassende Spur auf bröckelndem Untergrund. Mit Wehmut setzen wir uns gegen das verletzende Urteil zur Wehr, das jede Gegenwart über jedes Gestern spricht.

Gabriele Gysi wohnt im Haus der Eltern in Johannisthal. Der Bruder wohnt im Nordosten Berlins, in Pankow. Nun also ein Gespräch über Klaus Gysi. Die Schauspielerin und der Rechtsanwalt. Die Künstlerin und der Politiker. Er lebt vor den Scheinwerfern, sie inzwischen dahinter. Er in Rederäumen, sie in stilleren. Was bekommt dem Denken besser? Da haben beide sehr verschiedene Antworten. Ältere Schwester, jüngerer Bruder. Ich praktiziere Neutralität – auch Einzelkinder haben ein Gespür, was sich an Graden der Zurückhaltung ziemt. Leider widerspiegelt die Verschriftlichung des langen Nachmittags nicht, was unbedingt zu erwähnen wäre: Es wurde oft gelacht.

Hans-Dieter Schütt
Berlin, März 2020

»Es wurde oft gelacht.« Gabriele und Gregor Gysi

I.
MAN RENNT NICHT GLEICH WEG, NUR WEIL MAN KLÜGER IST

G.G.: Du hoffst auf die sanfte Kraft der Verklärung.
G.G.: Du siehst das natürlich nüchterner.

Die Eltern verstehen die Kinder nicht, die Kinder die Eltern nicht, die Geschwister untereinander nicht, so hat es mir mal ein amerikanischer Botschafter gesagt, und nun kommen wir und wollen, dass sich die Völker verstehen.

Dahinter steckt eine tiefe Weisheit: Man muss sich große Mühe geben, um ein Stück Verständigung zu erreichen.

KLAUS GYSI

»Freundlichkeit als Philosophie« Klaus Gysi, Sommer 1938

HANS-DIETER SCHÜTT: Gabriele Gysi, Sie haben Ihren Vater geliebt?

GREGOR GYSI: Fragen Sie das etwa nur meine Schwester? Wollen Sie etwa Zwietracht säen? *(Lacht.)*

GABRIELE GYSI: Unsere Unterschiede werden schon herauskommen. Die Liebe zu unseren Eltern jedenfalls teilen wir uneingeschränkt. (*Lacht.*) Ja, meinen Vater habe ich sehr geliebt. Mit Liebe ist ganz klar Bejahung, Einverständnis mit ihm gemeint. Mit allem, was er tat und wie er war. Was nicht Übereinstimmung bedeutet.

HANS-DIETER SCHÜTT: Trotzdem. Das klingt gleich zu Beginn – polemisch. Betont schützend. Der Satz klingt nach dem Bedürfnis, Ihrem Vater gewissermaßen, und sei es im Nachruf, Mut zuzusprechen.

GABRIELE GYSI: Fürs Beschützen gibt es gute Gründe. Meine Eltern haben sich natürlich gegen Ende ihres Lebens mit Schuld und Sühne beschäftigt …

HANS-DIETER SCHÜTT: Glauben Sie denn, dass Ihr Vater sich – vom Ende des Staates her betrachtet – schuldig fühlte?

GABRIELE GYSI: Es gibt einen schönen Satz von Thomas Pynchon: »Wer die Frage stellt, muss die Antwort nicht fürchten.« In den Fragestellungen kann ein ungeheurer Druck liegen. Diese Textvoraussetzungen muss ich – zum Beispiel auch auf der Bühne – immer bedenken. Genau wie im Leben. Denn alles, was ab 1989 über die DDR, über die Zukunft, über die Vergangenheit gesagt wurde – es wurde gesagt unter gewaltigem Druck. Von allen Seiten. Ein anderer Druck als vorher, gewiss, aber ebenfalls Druck, oft sogar Existenzdruck. Druck, ein Scheitern zu gestehen, um neue Verteilungskämpfe zu rechtfertigen.

HANS-DIETER SCHÜTT: Betraf das auch Ihren Vater?

GABRIELE GYSI: Die meisten Situationen erlauben im Grunde keine nachdenklichen Sätze. Und die Entwicklung heute geht leider dahin, dass Stereotypen immer stärker in all unsere Lebensbereiche eingreifen und jeden differenzierten Ausdruck verhindern. Nur eine bewusste Gegenwehr ermöglicht Selbstschutz. Da sind wir ja sofort bei diesem Druck, dem Existenz ausgesetzt ist. Jede Existenz. Leider ist es so, dass Leute, die selber nie etwas ausstehen mussten, heute vor allem gegen Kommunisten donnern: Reue, Reue, Reue! Das ist empörend. Aber noch einmal: Ich habe diesen Satz vom Einverständnis mit unserem Vater erst mal nicht polemisch gemeint, sondern ganz einfach – liebevoll.

GREGOR GYSI: Gabriele spricht da auch für mich … Liebevoll, ja … Was nichts mit Verklärung oder etwa mit einer Art Akzeptanz zu tun hatte, die keine Fragen mehr stellt.

GABRIELE GYSI: In unserer Familie gab es keine falsche Harmonie.

GREGOR GYSI: Was bei uns zu Hause galt, war zum Beispiel eine sehr zivile Umgangsart, und vor allem erinnere ich mich an Großzügigkeit.

HANS-DIETER SCHÜTT: Die familiären Linien führen ja weit zurück ins Bürgertum, auch in die Welt des Adels.

GREGOR GYSI: Sie meinen, es ging bei uns vornehm zu? Ja. Und nee. Bestimmte Gepflogenheiten, die vielleicht mit einem bestimmten Stil zu tun hatten, die waren bei uns überhaupt kein Gegensatz zur Direktheit, in der man miteinander umging. Man schaute einander in die Augen, dann aber legte man los.

GABRIELE GYSI: Zu unserer Familie gehörte und gehört generell, dass alle gern und viel reden. Der endlose Dialog ist ein Teil unserer Kultur. In dieser Weise haben unsere Vorfahren gesprochen …

GREGOR GYSI: … mit Gott und untereinander.

GABRIELE GYSI: Und das ist uns als Methode des Denkens geblieben. (*Lacht.*) Manchmal bewegte sich unser Vater in rhetorischen Schleifen wie ein Eiskunstläufer.

GREGOR GYSI: Er zog diese Schleifen elegant – sie konnten dich auch einwickeln.

HANS-DIETER SCHÜTT: Gabriele Gysi, ich möchte noch bei besagtem Einverständnis bleiben.

GABRIELE GYSI: Ja, bitte. Erst dieses Einverständnis gab uns Kindern die Möglichkeit, uns wirklich auseinanderzusetzen mit Leben und Einfluss der Eltern. Ja, wir lebten offen miteinander. Wir gluckten nicht zusammen und hockten nicht umeinander, das ließen schon die Berufe unserer Eltern nicht zu. Aber wir interessierten uns füreinander. Das klingt profan, ich glaube jedoch sagen zu können, dass so etwas keine Selbstverständlichkeit war. Und schon gar nicht mehr ist. Wir leben ja in einer Zeit, da das bedeutungssüchtige Ich vor allem dazu verführt wird, mit Bindungslosigkeit anzugeben und sich selbst als eigene göttliche Schöpfung zu begreifen. Jeder ist heute seine eigene Spiegelglasfestung. Sicher wurde gestritten, aber es gab bestimmt keine filmreifen Szenen in diesem Haus hier.

HANS-DIETER SCHÜTT: Was meinen Sie mit filmreif?

GABRIELE GYSI: Tragödie. Drama. Schepperndes Geschirr vom Faustschlag auf den Tisch. Bis auf die Tatsache, dass wir uns als Kleinkinder auch prügelten, herrschten gewaltlose Umgangsformen. Es war belebend und bereichernd an den Tischen im Haus.

GREGOR GYSI: Die übrigens immer auch Spieltische waren. Da gab es Bridge und das chinesische Spiel Mahjong. Später haben wir auch Skat gespielt. Unsere Mutter hatte aus dem Westen Monopoly mitgebracht. Wir spielten das leidenschaftlich gern und machten die Erfahrung, wie geldgierig man in diesem Kapitalismusspiel werden kann, lernten aber auch, dass man sich bei Käufen nicht übernehmen darf und dass es sehr langweilig wird, wenn man gewinnt – weil alle anderen pleite sind. Als Einziger ein Kapitalist zu sein – das lohnt und rentiert sich also nicht. Es gibt den Unterschied zwischen einem kapitalistischen Egoismus der Gier und einem planvollen unternehmerischen Egoismus, der seine soziale Verantwortung begreift: Kaufkräfte zu stärken, statt die Mitstreiter mehr und mehr in die Armut zu treiben.

GABRIELE GYSI: Na, na, das ist jetzt aber eine Menge nachträglicher Interpretation. (*Beide lachen.*)

HANS-DIETER SCHÜTT: Das Einverständnis mit dem Leben Ihres Vaters zu betonen, das lässt Assoziationen zu. Als seien Sie betont solidarisch und – da sind wir doch bei der Polemik – grenzten sich somit ab gegen andere Ansichten über Klaus Gysi. Sichten, die vielleicht keinesfalls von Einverständnis geleitet werden.

GABRIELE GYSI: Er war politisch aktiv, und er lebte in einer Zeit, in der das Handeln ganz andere Konsequenzen hatte als heute. Oft ging es im wahrsten Sinne ums Überleben. Falls Sie das Leben dieser Menschen mit den heutigen Karrierevorstellungen begreifen wollen, wird Ihnen das nicht gelingen.

GREGOR GYSI: Sie sprechen von anderen Ansichten über Klaus Gysi. Nach dem Ende der DDR wird alles nach der Entschiedenheit bewertet, mit der man sich vom versuchten Sozialismus distanziert. Ich weiß das zur Genüge, aus eigener Erfahrung. Aber ich will es überspitzt formulieren: Wir unterhalten uns hier ja nicht schlechthin über Klaus Gysi, sondern über unseren Vater. Wir blicken also auf keinen Fremden. Und es ist schön, wenn man beim Urteil über bestimmte Menschen, die in der eigenen Biografie eine große Rolle spielten, im besten Sinne des Wortes auch befangen bleibt.

HANS-DIETER SCHÜTT: Das heißt?

GREGOR GYSI: Dass man sich gegen Urteile wehrt, die mit ideologischen Kriegen und Nachkriegen zu tun haben. Denn natürlich muss man mitdenken, dass unser Vater Person einer speziellen Zeitgeschichte war: der kommunistischen Geschichte, der antifaschistischen Geschichte, der SED-Geschichte. Da gerät man, wenn es um die eigenen Eltern geht, auch selbst ein wenig ins Visier, und Ansichten über die Vergangenheit, über die DDR sind auch Auskünfte darüber, wie man selber über gegenwärtige politische Dinge denkt, über Macht, über Linkssein, über Utopien.

HANS-DIETER SCHÜTT: Distanz bei der Betrachtung ist eine Tugend.

GREGOR GYSI: Ja. Aber nicht immer und nicht überall. Klar, der Abstand zu den eigenen Eltern gehört ab einem bestimmten Punkt in der Jugend, wenn man erwachsen wird, zur Selbstfindung, aber zum Beispiel mit dem Systemwechsel 1989/90 ist das Verhältnis zu unseren Eltern in keine Zerreißprobe geraten. Es geriet zu keiner Zeit in Zerreißproben. In Prüfungen geriet es, ja, aber nie in Zerreißproben.

HANS-DIETER SCHÜTT: Wenn man erwachsen wird … Was ist das – Erwachsenwerden?

GABRIELE GYSI: Erwachsenwerden heißt, Distanz zum eigenen Gefühl einnehmen zu können. Heute werden wir angehalten, unser Gefühl als Wahrheit zu betrachten. Aber unser Empfinden ist nichts weniger als das. Erst Distanz zu sich selbst ermöglicht Sachlichkeit und damit den Austausch von Argumenten, also Erkenntnisse, Wahrheiten und damit auch Fehler. Unser Vater bewahrte Distanz, nach Möglichkeit – noch mitten in der Arbeit, die er gern tat. Diese Art der Intellektualität haben die Eltern auch uns Kindern anerzogen. Man identifiziert sich nicht total mit einer Partei, mit einem Staat. Nicht einmal mit der eigenen Familie. Es hat doch jeder sein eigenes Leben.

GREGOR GYSI: Ein schwieriges Thema – die Sache, die Partei, die politische Hingabe …

GABRIELE GYSI: Mir geht es wie Gregor: Die Prioritäten und Probleme im Leben meines Vaters habe ich nicht nur akzeptiert, ich habe sie rational und auch vom Gefühl her mitvollzogen. Zu der naturgemäß gegebenen Nähe zum Vater, als ich noch Kind war, kam mit den Jahren des eigenen Denkens und des Suchens nach einem Beruf und nach Freunden eben auch eine Nähe hinzu, die mit Sinn, mit Ethik, mit Politik zu tun hatte. Auch das Verhältnis meines Vaters zu Frauen war für mich – durch seine Neugier und Vitalität – irgendwie nachvollziehbar, selbst wenn ich als weise Tochter … (*lacht*)

GREGOR GYSI: … und als weise ältere Schwester.

GABRIELE GYSI: … selbst wenn ich also öfter den Kopf über ihn schütteln musste. Die Frage unseres Gesprächs ist ja: Wie war er? Er war witzig, hilfsbereit und in einem wirklich philosophischen, grundsätzlichen Sinne freundlich. Freundlichkeit als ein vielleicht anderes Wort für Güte, und Güte als Begriff für einen anderen gesellschaftlichen Zustand. Eine Utopie. Er verkörperte eine Freundlichkeit, die ein Entgegenkommen war, und sie war Widerstand zugleich.

HANS-DIETER SCHÜTT: Klassenkampf und Freundlichkeit zugleich?

GABRIELE GYSI: Ja, bei unserem Vater hatte ich das Gefühl: Freundlichkeit ist nicht nur Ziel, sondern auch Mittel dessen, was sie Klassenkampf nannten. Dass beides zusammengehören konnte oder sollte, das war manchem ein Graus, sicher. In einer Zeit, die die Züge auch derer verzerrte, die freundlich sein wollten. Wie es Brecht in seinem klugen Gedicht »An die Nachgeborenen« so traurig beschrieben hat. Unser Vater reichte, wo immer ihm das möglich war, die Hand. In dem Sinn verstand er sich als Vermittler und Diplomat.

HANS-DIETER SCHÜTT: Was einschloss, dass er in den Funktionen, die er hatte, auch Doktrinen mit verteidigte.

GABRIELE GYSI: Das leugne ich doch nicht. Aber er blieb menschenzugewandt. Er hatte auch für Dummheit Verständnis.

HANS-DIETER SCHÜTT: Verständnis für Dummheit zu haben – das müssen Sie erklären.

GABRIELE GYSI: Es heißt, sich als Mitglied einer Bewegung ihr auch dort zugehörig zu fühlen, wo Fehler gemacht werden, wo Niveau unterschritten wird. Das klingt seltsam, war aber so. Er konnte Dummheit nicht ausstehen, wenn sie Macht ausübte. Er versuchte, solche Dummheit zu unterlaufen, aber er wusste wohl, dass das nur in Maßen gelingen konnte, und er wurde ja mitunter – ganz objektiv, als Funktionsträger – ein Teil, ein Bote dieser staatlichen, ideologischen Dummheit. Das ist die Tragik seines Lebens. Aber es bleibt doch die Tragik eines Lebens *gegen* die Dummheit.

HANS-DIETER SCHÜTT: Kann man das auch Opportunismus nennen?

GREGOR GYSI: Muss man sogar.

GABRIELE GYSI: Man rennt nicht gleich weg, nur weil man klüger ist. Außerdem: wohin?

HANS-DIETER SCHÜTT: Das ist jetzt die Annäherung an ein zentrales Thema. Ihr Vater hat in der Spätphase seines Lebens gesagt: »Wir sind politisch am Ende. Ich kann eigentlich nichts mehr erreichen von dem, was ich mir erhofft hatte. Und trotzdem bleibe ich dabei.«

GREGOR GYSI: Man teilt miteinander eben auch bestimmte Fehler des gemeinsamen politischen Handelns. Schweren Herzens sicher – und nach Möglichkeit nur bis zu gewissen Grenzen. Auch wenn man damit logischerweise mal in die Gefahr kommt, selber zu den Unbelehrbaren gezählt zu werden. Solidarität mit seinesgleichen bringt eben Bürden und Beulen.

HANS-DIETER SCHÜTT: Interessant, was Sie sagen. Schriftsteller Stephan Hermlin schrieb, was auch Sie hervorheben: »Man war in diesem Land DDR ja sogar mit der Dummheit, die darin geschah, auf besondere Weise verbunden.«

GABRIELE GYSI: Ja, weil Menschen wie unser Vater diese Dummheit nicht als etwas Fremdes, sondern als eigenes Unvermögen betrachteten. Ein Mensch kann offensichtlich durch ein Gefühl von Verantwortung und Mitverantwortung an eine Sache, an ein Land gebunden sein – auch dann, wenn Dinge Unbehaglichkeit auslösen. Da hat jeder seine eigenen Kräfte und Toleranzen, seine Möglichkeiten und Unmöglichkeiten, das auszuhalten.

HANS-DIETER SCHÜTT: Wie die Eltern sind, wie sie durch ihr bloßes Dasein auf uns wirken – das entscheidet sehr über die eigenen Wege durchs Leben. Sagte Fontane. Wie geht es Ihnen beiden? Werden die Erinnerungen an die Eltern intensiver, da man selbst älter wird?

GABRIELE GYSI: Ein bisschen schon. Allein deshalb, weil man mit fortschreitender Zeit ja ohnehin öfter zurückschaut. Das eigene Leben besteht inzwischen aus mehr Vergangenheit als Zukunft.

HANS-DIETER SCHÜTT: Man spürt, dass Zeit zur Frist wird?

GABRIELE GYSI: Ja, dadurch spielen auch die Eltern wieder eine größere Rolle. Auch das eigene Geschichtsverständnis wird durch den Wunsch nach Verständnis genauer. Orwell hat sicher recht, wenn er sagt: »Wer die Vergangenheit kontrolliert, kontrolliert die Zukunft; wer die Gegenwart kontrolliert, kontrolliert die Vergangenheit.«

GREGOR GYSI: Man kann ja scherzhaft sagen: Über die Zukunft, die in jedem Falle unbekannt bleibt, sind sich die Menschen meist schnell einig, aber Streit gibt es regelmäßig und erbittert über die Vergangenheit. Das zeigt uns jede Geschichtsbetrachtung. Und auch im

Persönlichen ist es kompliziert: Man meint, sich genau an etwas zu erinnern, fragt andere Beteiligte und hört von denen, es sei alles ganz anders gewesen. Erinnerung trügt also, aber sie trägt natürlich auch. Erinnerungen an die Eltern tragen ganz wesentlich, ja, sie werden mit dem Alter kräftiger. Man fragt und vergleicht. Man sucht in den Bilanzen nach dem Wesentlichen, das einen geprägt hat. Erfahrungen leiten besser als Ziele, das begreift man aber erst, wenn man selber genügend Erfahrungen gemacht hat.

GABRIELE GYSI: Als ich jung war und mich mit der »Antigone« des Sophokles beschäftigte, dachte ich erst mal: Muss die sich so aufregen wegen einer Beerdigung? Muss sie das eigene Leben gefährden und hingeben, nur weil der tote Bruder als angeblicher Vaterlandsverräter nicht bestattet werden darf? Bis ich begriffen habe: Ja, muss sie! Das ist ein sehr kluges Stück. Es kommt nämlich sehr wohl auf den angemessenen Abschied an. Das gehört zum Leben. Beerdigung ist eine Behauptung von Werten. Im übertragenen Sinne lautet die Frage: Welche Kultur der Kritik pflegen wir? Wie gehen wir mit Vergangenheit um? Wie bleiben wir in Kontakt mit den Toten? Also auch: Wie beerben wir das Leben unserer Eltern? Die Toten sind nicht einfach tot, die Beerdigung bleibt ein Problem.

GREGOR GYSI: Hast du eigentlich die Antigone auf der Bühne gespielt?

GABRIELE GYSI: Nein, aber die Kassandra.

HANS-DIETER SCHÜTT: Sie sind allergisch gegen den gängigen Antikommunismus.

GABRIELE GYSI: Gegen das Undifferenzierte: Die DDR, so heißt es, war eine Diktatur, das Dritte Reich war eine Diktatur, also: zwei Diktaturen. Damit sind der Zweite Weltkrieg und die Vernichtung der europäischen Juden im Nichts verschwunden.

GREGOR GYSI: Diktatur ist ein wissenschaftlicher Begriff, damit kann man umgehen. Die DDR war eine Diktatur, es gab aber auch andere, anders geartete Diktaturen. Natürlich kann und muss man sie vergleichen, aber man sollte sie nicht gleichsetzen und damit wesentliche Unterschiede abwürgen. Denn unter diesem Oberbegriff der Diktatur wird es doch sehr schnell kompliziert und vielfältig. Systeme sind nicht miteinander identisch, nur weil sie Diktaturen sind. Das Regime Pinochets war ein gänzlich anderes als das Regime von Hitler. Bei allen Vergleichen darf nie außer Betracht geraten, dass die Nazi-Diktatur die schlimmste in der Menschheitsgeschichte war.

HANS-DIETER SCHÜTT: War Ihr Vater Funktionär eines Unrechtsstaates?

GABRIELE GYSI: Das ist keine Frage, sondern eine Unterstellung!

HANS-DIETER SCHÜTT: Es ist eine Frage, die ich aus dem Gelände der öffentlichen Meinung …

GABRIELE GYSI: Der verordneten, veröffentlichten Meinung des diskussionsunfähigen Mainstreams!

HANS-DIETER SCHÜTT: ... an Sie weiterleite.

GREGOR GYSI: Der Begriff des Unrechtsstaates ist weder ein wissenschaftlicher noch ein juristischer Begriff, es ist ein politischer Begriff, der zu einer ideologischen Vokabel wurde. Mir ist der Begriff suspekt, aus zwei Gründen. Der erste Grund ist ein biografischer. Meine Eltern haben gegen den Unrechtsstaat der Nazis gekämpft. Das Attribut so ohne Weiteres auf die DDR anzuwenden, bedeutet im Klartext: Menschen wie meine Eltern haben den einen Unrechtsstaat bekämpft, um einen gleichgearteten Staat wieder aufzubauen. Das ist für mich inakzeptabel. Es ist falsch. Die Ziele der Kommunisten waren oft edle Ziele die Methoden keineswegs. Bei den Nazis dagegen gab es kein edles Ziel, kein einziges. Ganz davon abgesehen, dass die DDR keinen Zweiten Weltkrieg eingeleitet, nicht sechs Millionen Juden ermordet hat und ihre politischen Gegner nicht in Konzentrationslager verschleppte. Der zweite Grund: Dieser Begriff vom Unrechtsstaat wurde geprägt vom Generalstaatsanwalt von Hessen, Fritz Bauer. Und zwar nur für den NS-Staat. Er wäre überhaupt nicht auf die Idee gekommen, diesen Begriff auf die DDR anzuwenden. Im Übrigen sagte er, als konsequenter Kämpfer gegen alte und neue Nazis in der Bundesrepublik, den bezeichnenden Satz: »Immer wenn ich mein Dienstzimmer verlasse, betrete ich feindliches Ausland.« Es gab Unrecht in der DDR, aber sie war für mich kein Unrechtsstaat.

GABRIELE GYSI: Das Kategorisieren wird inzwischen wie ein politisches, mediales Gewohnheitsrecht gehandhabt. Auf die DDR bezogen, gibt es offiziell nur drei Möglichkeiten, gelebt zu haben: als Täter, als Mitläufer oder als Opfer. Dazwischen: nichts.

GREGOR GYSI: Das ist das, was ich überhaupt nicht an Deutschland mag – diese elende Begriffsdogmatik. Es genügt öffentlich nicht, dass ich sage: In der DDR gab es staatliches Unrecht, das war unverzeihlich, und zum Glück ist das abgeschafft worden. Punkt. Aber nein, ich soll mich fortwährend verpflichten lassen auf bestimmte Termini, so auch auf diese Vokabel vom Unrechtsstaat. Erst dieses Wort ist der Stempel, der mich beglaubigt, der mich moralisch ehrenwert einordnet. Das ist der Druck, der vom Mainstream ausgeht – dem ich mich aber nicht beuge. Das ist nun wirklich wie in der DDR: Äußerte damals jemand eine unbequeme, unbotmäßige Kritik, wurde sofort geargwöhnt und demagogisch gefragt: Aha, du bist wohl nicht für den Frieden? Ich will anderen nicht verwehren, diesen Begriff vom Unrechtsstaat zu verwenden, wenn sie von der DDR reden. Ich selber aber nehme mir das Recht eigener Einordnungen und möchte gefälligst nicht verpflichtet werden auf eine bestimmte Kategorie. Soll jeder die DDR nennen, wie er mag, nur soll keiner mich unter ein Diktat der Bewertung zwingen. Kein Leben verläuft so, dass es mit einer Tendenz oder einer Formel gleichgesetzt werden kann.

GABRIELE GYSI: Du, Gregor, bist eine Person, die in einem öffentlichen Kontext steht, in dem sie sich wenigstens äußern kann und die auch manchmal gefragt wird. Aber die meisten Menschen sind nicht in so einer komfortablen Situation. Sie sind wehrlos. Wenn abwertende Geschichtsurteile getroffen werden, sind viele Menschen plötzlich auf eine Weise beschrieben, die sie nicht verstehen können. Sie müssen damit leben. Diese Beschreibungen haben existenzielle Folgen.

HANS-DIETER SCHÜTT: Ihrer Leidenschaft ist abzulesen: Älterwerden heißt auch, wieder auf dem Weg zu den Eltern zu sein.

GABRIELE GYSI: Die Eltern gewinnen wieder an Bedeutung, ja.

HANS-DIETER SCHÜTT: Sie sagten in Bezug auf Ihre Eltern, es sei auch über Schutz zu reden. Macht das Schutzbedürfnis am Ende nicht doch kritiklos?

GABRIELE GYSI: Wir leben in einer Atmosphäre der Denunziation. Unsere Eltern haben unter gefährlichsten Bedingungen Widerstand geleistet. Während des Faschismus war Widerstand mit Mut verbunden. Im Gegensatz dazu wird heute alles zum Widerstand hochinterpretiert.

HANS-DIETER SCHÜTT: Der Großvater noch in der Widerstandsbewegung, der Enkel in der Bewegung des geringsten Widerstandes.

GABRIELE GYSI: Alles ist light. Vielleicht ist das die Auflösung der durch den Faschismus entstandenen

Traumata, aber ohne die Fähigkeit zu trauern. Ja, wir sind gewissermaßen ein Volk von Widerstandskämpfern geworden.

HANS-DIETER SCHÜTT: Nämlich?

GABRIELE GYSI: Jeder erklärt heute seine Handlungen zum Widerstand, wogegen auch immer. Aber wirklicher Widerstand ist bei uns Deutschen kein hervorstechendes Kulturmerkmal. In der Generation meines Vaters waren mutige Leute wie er – oder wie meine Mutter – die Ausnahme. Genau wie heute. Lediglich im Reich der eigenen Selbstverklärung leisten alle, wie konform auch immer, permanent Widerstand. Für vegan – gegen vegan, für einen Olympia-Standort – gegen einen Olympia-Standort. Der mediale Druck permanenter Konfrontation erzeugt diese aufgeregte Widerstandsillusion. Vielleicht kann man einfach mal Ruhe geben, vielleicht kann man mal mehr verstehen und weniger recht haben.

GREGOR GYSI: Es gibt in meiner Erinnerung einen interessanten Blickwechsel. In der ersten Zeit nach ihrem Tod habe ich meine Eltern nur so gesehen, wie ich sie zum Schluss erlebt hatte. Aber das veränderte sich. In meinem Gedächtnis, in meinen Rückblenden werden die Eltern immer jünger. Andere Bezüge tauchen auf. Alles weitet sich im Gedächtnis. Das ist ein Vorteil, den ich schätze.

GABRIELE GYSI: Das Jahrhundert zieht durch die Gedanken.

GREGOR GYSI: Das heißt, frühere Zeiten spielen im Bild, das man sich mit dem eigenen Älterwerden von seinen Eltern macht, eine größer werdende Rolle. Was hatte sich zunächst eingeprägt, so an letzten oder vorletzten Bildern? Die Mutter war ein Pflegefall, der Vater hatte einen Schlaganfall erlitten. Das zunächst hakte sich fest.

GABRIELE GYSI: Unsere Mutter lag – in den Fünfzigerjahren, als wir Kinder waren – ein halbes Jahr im Krankenhaus, mit angebrochenem Rückgrat. Sie war in der Sächsischen Schweiz in eine Felsspalte gestürzt. Erst im Nachhinein wurde mir bewusst, mit welcher Würde sie ihr Leiden hinnahm oder besser gesagt: wegsteckte. Sie wusste ja nicht, wann ihr der Gips wieder abgenommen würde und ob sie jemals wieder laufen könne.

GREGOR GYSI: Aber längst ist Erinnern eben etwas anderes, ich sag ja: Man zieht selber Bilanz, hat den Lauf der Zeiten im Blick, sieht nicht nur Momente, sondern Zusammenhänge. Du siehst nicht mehr bloß einzelne Bilder, du betrachtest das Ganze, du ordnest ein, du gewinnst neue Kriterien für Verständnis und Kritik. Das finde ich spannend. Es ist traurig – aber zugleich beruhigend. Traurig, weil du immer auch die eigene Vergänglichkeit mitdenkst, wenn du an die Eltern denkst – du kommst ja langsam selber ins Alter, da die Abschiede zunehmen. Aber beruhigend deshalb, weil ich mir im intensiveren Nachdenken über die Eltern sage: Da ist also Hoffnung, dass mir in den späteren Erinnerungen der eigenen Kinder das Gleiche widerfährt – sie sehen mich, wie ich früher war. Das tut gut, auch wenn ich das selber ja nicht mitbekommen werde (*lacht*).

GABRIELE GYSI (*lacht*): Du hoffst auf die sanfte Kraft der Verklärung.

GREGOR GYSI: Du siehst das natürlich nüchterner.

GABRIELE GYSI: Mit dem eigenen Älterwerden möchte man den Eltern und ihrem Leben doch etwas gerechter werden als in der Pubertät. Damit landest du dann sofort wieder in der Geschichte, wie sie heute geschrieben, umformuliert und ideologisiert wird. Es gerät in organisierte Vergessenheit, dass diejenigen, zu denen unsere Eltern gehörten, in Deutschland während des Faschismus bewundernswert jede Anpassung verweigerten. Sie wurden von den Nazis gejagt, in der DDR galten sie als schwierig, und jetzt werden sie postum gejagt. Sie wurden in Deutschland somit dreimal verfolgt – es reicht! Meine Eltern gingen in die DDR nicht wegen einer Karriere, sondern weil das ein Aufbruch gegen die Vergangenheit bedeutete. Sie waren 37 Jahre alt. Das Leben wurde für sie nicht einfach. Rausschmiss aus Funktionen, Misstrauen wegen Westemigration – trotzdem: Sie haben viel gearbeitet. Freizeit war nicht ihr Thema. Und im jetzigen Deutschland wird ihre Lebensleistung – mit Blick auf den untergegangenen Staat – generell infrage gestellt. Die Sieger schreiben die Geschichte, und die Historiker sollen keine Wahrheit liefern, sondern nur die zum Sieg passende Wahrheit.

GREGOR GYSI: Das Schlimmste an Siegern ist, dass sie nicht aufhören können zu siegen.

GABRIELE GYSI: Dass man sich als Unterlegener anpasst, ist völlig einleuchtend. Der Mensch will überleben. Aber warum man auf diese ekelhafte Weise siegen muss – das bleibt eine unbeantwortete Frage. Wozu? Warum?

HANS-DIETER SCHÜTT: Der Begriff fiel schon: die Sache. Hat Ihr Vater, wie es der kommunistische Slogan sagte, »für die Sache« gelebt?

GABRIELE GYSI: Ja. Aber er blieb doch er. In meinem Sprachschatz übrigens hat es das Wort »Sache«, um ein Engagement zu kennzeichnen, nie gegeben.

HANS-DIETER SCHÜTT: Sich einer Sache hingeben, das heißt ja in der Tat: möglicherweise in ihr aufgehen. Daraus folgt nicht nur Selbstverlust, sondern meist auch Gefährdung und Züchtigung anderer Menschen. Die nicht gewillt sind, einem solchen Weg der soldatischen Selbstauflösung zu folgen. Die nicht ans Reißbrett einer Theorie genagelt werden wollen. Mit dem Verweis auf die Sache gibt man sich selber die Lizenz, andere zum Glück zwingen zu dürfen. Und plötzlich bist du entsetzt: Du hast dich schmutzig gemacht just an der reinen Lehre.

GABRIELE GYSI: So hat unser Vater nicht gelebt. Er war nun mal kein Soldat. Kein Mensch ist identisch mit einer Ideologie. Eine Ideologie erklärt keine Person und ihr Leben. Für welche Theorie man Soldat wird, ob für Demokratie und Freiheit oder für Sozialismus und Gerechtigkeit – Soldatsein ist immer gefährlich und oft engstirnig. Dennoch schließt Parteilichkeit das Denken nicht automatisch aus. Theorien sind Orientierungen, sie müssen immer wieder an der Realität überprüft werden. Unser Vater war mittendrin und schaute gleichzeitig von außen auf die Dinge. Entscheidend war: In keiner aktiven Phase seines Lebens wollte er nur Beobachter sein. Er akzeptierte die politische Gebundenheit und versuchte, in dieser Gebundenheit möglichst frei zu handeln. Sisyphos war eben auch Kommunist.

HANS-DIETER SCHÜTT: Wann haben Sie beide erstmalig bewusst wahrgenommen, in einem besonderen Haushalt zu leben?

GREGOR GYSI: Was kriegte man als Kind mit von den Eltern? Zunächst nur, dass beide in einem Büro arbeiten. Es gab einen großen Zusammenhalt bei uns, wir haben darüber gesprochen, aber generell gab es nicht diese traditionelle Familienvorstellung.

GABRIELE GYSI: Über meine Mutter habe ich mal gesagt, sie denke nicht in Familien, sondern in Häusern. Wer wie Schätzi im Hause wohnte, gehörte für sie zum Hause Gysi.

HANS-DIETER SCHÜTT: Schätzi?

GREGOR GYSI: Ab Anfang der Fünfzigerjahre war Gertrud Stapel, von uns allen Schätzi genannt, Haushälterin und Kindermädchen zugleich, sie blieb im Hause bis zum Tode unserer Mutter. Typisch war, dass meine Mutter und Schätzi sich bis zum Schluss siezten. Sehr spät bot meine Mutter Schätzi das »Du« an. Schätzi sagte: »Auf gar keinen Fall, Frau Gysi!« Da siegte gewissermaßen die Würde des vierten Standes.

GABRIELE GYSI: Sie sagte zu unserer Mutter: »Ick hab immer Sie gesagt und sage weiter Sie.« Wir liebten Schätzi. Sie besaß einen überdurchschnittlichen Gerechtigkeitssinn. Sie hat uns beide also völlig gleich behandelt.

HANS-DIETER SCHÜTT: Klingt ein bisschen wie ein Gegensatz zum Verhalten der Eltern.

GREGOR GYSI: Na ja! Nach meinem Empfinden war die Zuneigung unserer Mutter zu mir etwas größer als zu Gabriele. Beim Vater war es umgekehrt.

GABRIELE GYSI: Das glich sich am Ende alles auf gerechte Weise aus. Vorhin fragten Sie nach dem besonderen Haushalt. Bei uns gab es keinen Sonntagskuchen. In der Schule wurde montags erzählt, was die Tante am Wochenende wieder mal für einen wunderbaren Kirschkuchen gebacken hatte. Es fehlten manche Rituale und Abläufe. Die Dinge des Alltags vollzogen sich unregelmäßiger, Onkels und Tanten spielten nicht so eine Rolle, der Familienzusammenhalt war irgendwie weitläufiger.

GREGOR GYSI: Wir waren auch, so glaube ich, die einzige Familie in der Straße, die schon am 24. Dezember abends die Weihnachtsgans aß. Ich weiß noch, dass andere Kinder den Kopf schüttelten, wenn ich das erzählte. Sie staunten leicht entsetzt. Denn üblicherweise aß man am Weihnachtsabend Bockwurst oder Wiener Würstchen mit Kartoffelsalat. Am ersten Weihnachtstag gab es bei uns mittags – Pute. Und am zweiten Weihnachtstag die Reste von Gans und Pute. Heute ist Pute nichts Besonderes mehr, aber in den Fünfzigerjahren war es das sehr wohl.

GABRIELE GYSI: Sehr schön war, wie die Eltern mit uns Geburtstag gefeiert haben. Weil sie beide sehr beschäftigte Leute waren, gaben sie sich für diese Feiern besondere Mühe. Die Eltern waren großenteils abwesend, aber wenn sie zu Hause waren, wandten sie sich intensiv uns zu. Kinder, die zur Geburtstagsfeier von Gregor oder von mir eingeladen waren, bekamen auch alle ein Geschenk. Das fanden wir natürlich toll. So wurde eine spezielle Art von Gleichberechtigung geschaffen, ohne dass das Geburtstagskind das Gefühl bekam, zurückgesetzt zu sein. Es war eine wunderbare Atmosphäre.

GREGOR GYSI: Soll ich dir was sagen? Ich kann mich an die Geschenke für Gäste überhaupt nicht erinnern.

GABRIELE GYSI: Na, das kann ja noch heiter werden. Der Widerstreit der Gedächtnisse. (*Lacht.*)

GREGOR GYSI: Woran ich mich aber sehr gut erinnern kann: Wenn ich zu meinem Freund Aljoscha Rompe ging …

HANS-DIETER SCHÜTT: … dem Sohn des Physikers Robert Rompe.

GREGOR GYSI: Ja. Wenn ich dort zum Geburtstag eingeladen war, hatte ich immer einen eigenen Geschenktisch. Seltsam unwirklich fand ich, dass Aljoschas Geschwister morgens von der Mutter ein eingewickeltes Geschenk in die Hand bekamen, das sie ihrem Bruder überreichten. Aber sie selber wussten nicht, was im Päckchen drin war. Und dann riefen die Geschwister zu Aljoscha: »Mach auf, ich will endlich wissen, was ich dir geschenkt habe.«

HANS-DIETER SCHÜTT: Besaßen Sie einen Fernseher?

GREGOR GYSI: Lange Zeit gab es keinen. Aber wir besaßen sehr viel mehr Bücher als alle anderen rundum. Ein Freund von mir wohnte uns gegenüber, seine Mutter hatte einen Fernseher. Vielleicht hätten wir weniger Gesellschaftsspiele gemacht, wenn wir auch so ein Gerät gehabt hätten.

GABRIELE GYSI: Wir hatten einen Garten. Aber als verwöhntes Kind leidet man und denkt: blöde Gartenarbeit.

HANS-DIETER SCHÜTT: Und politisch – was war da anders bei Ihnen?

GREGOR GYSI: In der Schule bekam ich natürlich mit, dass die Väter meiner Mitschüler zumeist bei der Wehrmacht gewesen waren, nur ich und ein anderer Junge hatten antifaschistische Eltern. Mir fiel auf, dass die antifaschistischen Eltern politisch mehr zu sagen hatten als die anderen – diese anderen aber bildeten die Mehrheit. Das war, wenn man so will, ein Spiegel der Machtverhältnisse in der DDR – ohne dass ich das damals schon begriffen hätte. Also: Eine antifaschistische Minderheit hatte, historisch gerechtfertigt, die Macht übernommen, aber sie blieb doch Minderheit. Weil sie aber Tribun der Mehrheit sein wollte, erklärte sie die gesamte Bevölkerung für antifaschistisch. Ein historischer Selbstbetrug – denn die neue Macht gewann nie wirklich das Vertrauen und den Rückhalt der Mehrheit. Die Antifaschisten waren von den Nazis grausam behandelt worden. Als sie nun selber die Macht besaßen, schwang immer die Angst mit, diese Macht wieder zu verlieren und dann womöglich erneut gedemütigt und verfolgt zu werden. Aus dieser Furcht heraus glaubten sie, Diktatur, eingeschränkte Demokratie und beschnittene Freiheit rechtfertigen zu dürfen.

GABRIELE GYSI: Kommunisten waren die Ersten und lange Zeit die Einzigen, die warnten: »Wer Hitler wählt, wählt den Krieg!«

HANS-DIETER SCHÜTT: Die Panzer und Waffen für den geradezu berauschten Blitzkrieg der Nazis bezeichnete Heiner Müller als eine »Meisterleistung der deutschen

Arbeiterklasse«. Ein Zynismus, wie ihn nur bitterste Wahrheit ausbrüten kann.

GABRIELE GYSI: Heiner Müller hat in diesem Zusammenhang vergessen, die Intelligenz und das, was man heute Elite nennt, zu erwähnen.

GREGOR GYSI: Die Kommunisten hatten recht, gegen das eigene Volk. Sie waren aus Patriotismus gegen Nazideutschland. Es tut weh, gegen das eigene Volk recht zu haben. Es härtet aber.

GABRIELE GYSI: Man darf nicht vergessen, dass die Kapitalismuserfahrung, die Bürgerlichkeitserfahrung dieser Generation mit der Faschismuserfahrung zusammenfiel. Walter Benjamin entwickelte diese Zusammenhänge im Zeitalter der technischen Revolution ganz toll. Das sind Texte, die uns diese Generation in ihrem Selbstverständnis verständlicher machen. Sozialismus galt als großartige Alternative. Dass die Russen den Krieg mit ungeheuren Opfern gewannen, hatte für ganz Europa Folgen und war die Grundlage dieses kleinen deutschen Staates.

HANS-DIETER SCHÜTT: Die sogenannten Leute verhalten sich leider immer, wie es Hans Magnus Enzensberger in einem Gedicht beschrieben hat: »Wenn es um die Befreiung der Menschheit geht/ laufen sie zum Friseur./ Statt begeistert hinter der Vorhut herzutippeln/ sagen sie: Jetzt wär ein Bier gut./ Statt um die gerechte Sache/ kämpfen sie mit Krampfadern und mit Masern./ Im entscheiden-

den Augenblick/ suchen sie einen Briefkasten oder ein Bett./ (...) An den Leuten scheitert eben alles.« Das ewige Widerspruchspaar: Avantgarde und Bevölkerung.

GREGOR GYSI: Mir kommt bei diesem Thema in den Sinn, was mir sehr viel später der Pfarrer Friedrich Schorlemmer erzählt hat. Es war 1984, in Greifswald tagte gerade die Synode der evangelischen Kirchen. Als Staatssekretär für Kirchenfragen lud mein Vater zu einem Empfang ein, anlässlich des 35. Jahrestages der DDR. Die Kirchenleute überlegten lange, ob sie diese Einladung annehmen sollten. So hat es Schorlemmer in Erinnerung. Die einen fürchteten, vereinnahmt zu werden, die anderen sahen die Chance notwendiger Verständigung. Bedeutete Teilnahme am Empfang Schwäche oder Souveränität? Man blieb gespaltener Ansichten, die meisten gingen hin. Schorlemmer auch. Zunächst fiel ihm auf, dass das Büfett doch tatsächlich in Kreuzform aufgebaut war. Ein starkes Stück, muss ich schon sagen. Auf diesem Empfang war auch Konsistorialpräsident Manfred Stolpe. Er hielt den Wittenberger Pfarrer, als er an ihm vorüberging, am Arm fest und sagte zu dem Mann, mit dem er gerade im Gespräch war: »Herr Staatssekretär, ich wollte Ihnen gern mal den Staatsfeind Friedrich Schorlemmer vorstellen.« Sprach's, ging schnell weiter und ließ den Pfarrer mit meinem Vater stehen.

HANS-DIETER SCHÜTT: Schorlemmer galt als besonders staatsgefährdend, es war die Zeit nach dessen spektakulärer Aktion, im Lutherhof in Wittenberg ein Schwert zur Pflugschar umzuschmieden.

GREGOR GYSI: Ja. Und obwohl beide einander nicht kannten, führten sie ein unerwartet intensives Gespräch. Plötzlich sagte mein Vater: »Herr Pfarrer, wir müssen uns doch über eines klar sein – Sie und wir vertreten nur Minderheiten, ich würde sagen, nicht mehr als jeweils fünf Prozent der Bevölkerung.« Schorlemmer erwiderte: »Bei uns sind es wohl nicht so viele.« Das wurde alles nicht etwa konspirativ geflüstert, sondern in einem lockeren Ton gesagt. Schorlemmer sagte mir, er empfand dieses rhetorische Geplänkel als Angebot zu einer Verständigung auf gemeinsamer Basis: Kommunisten und Christen folgen auf sehr unterschiedliche Art einer hohen Idee, aber keine dieser Ideen hatte bisher eine wirkliche Chance, Mehrheiten zu ergreifen.

HANS-DIETER SCHÜTT: Woher hatte Ihr Vater den Instinkt, woher das Vertrauen, dass dieser Pfarrer Schorlemmer keinem Westjournalisten von dieser kurzen Begegnung erzählen würde?

GREGOR GYSI: Weiß ich nicht. Das beschäftigt mich bis heute. Man stelle sich die Schlagzeile in einer BRD-Zeitung vor: »DDR-Staatssekretär gesteht: SED hat nicht mehr als fünf Prozent der Bevölkerung hinter sich!« Das wär's gewesen! Aber es passierte nicht, mein Vater besaß nicht nur ein hohes Maß an Gutgläubigkeit, dass seine Bemerkung nicht nach außen dringen würde. Er hatte auch einen guten Instinkt. Schorlemmer enttäuschte ihn nicht. Der Pfarrer erzählte mir auch, in Reichweite meines Vaters habe die ganze Zeit jemand »vom speziellen Dienst« gestanden und ständig versucht, dem Gespräch zu folgen.

HANS-DIETER SCHÜTT: Jene Mehrheitsverhältnisse in der Schule, die Sie vorhin beschrieben – berührte das die Beziehungen zu Ihren Mitschülern?

GREGOR GYSI: Es gab durchaus Misstrauen gegen uns Kommunistenkinder. Streitereien auf dem Schulweg hatten häufig politischen Charakter. In der Klasse stritt ich mich mal mit einem Jungen über die Frage, ob die Russen im Nachkriegsdeutschland Frauen vergewaltigt hätten oder nicht. Wir wussten beide nicht, was eine Vergewaltigung ist, aber wir wussten, dass es etwas Negatives ist – und deshalb bestritt ich es. Ein Standpunkt ganz im Sinne dessen, was bei uns daheim über die Befreier gesagt wurde. Mein Mitschüler aber schimpfte auf die Rote Armee. Es war das einzige Mal in meinem Leben, dass ich mich geprügelt habe. Abends fragte ich meinen Vater, was eine Vergewaltigung sei, und ob es denn stimme, dass die Russen deutsche Frauen vergewaltigt hätten. Er versuchte, mir eine Vergewaltigung zu erklären, und ich habe es so einigermaßen verstanden. Dann meinte er, so ein prinzipieller, völlig undifferenzierter, also pauschaler Vorwurf gegen die sowjetischen Soldaten sei natürlich völlig falsch und zurückzuweisen, »aber …«. Die Erläuterung zu diesem »aber« dauerte dann ziemlich lange, und sie war vor allem sehr umständlich. Ich habe nicht sofort begriffen, was mein Vater meinte; später habe ich über diese Lektion nachgedacht. Er hatte mir zu verstehen gegeben, dass der andere irgendwie recht hatte – und dennoch falsch lag. Ein früher Unterricht in Dialektik. Aber da war auch das Typische des Intellektuellen im Parteibetrieb: Er verteidigte das Grundsätzliche gegen störende Details – leugnete diese aber nicht.

GABRIELE GYSI: Er wollte sich vielleicht nicht im Detail verlieren. Er konnte dich eine halbe Stunde lang von etwas überzeugen – aber in dem Moment dann, da du es geglaubt hast, sah er dich an und sagte: »Man kann die Sache übrigens auch noch ganz anders sehen.«

GREGOR GYSI: Oh Gott, so bin ich auch.

GABRIELE GYSI: Mir hat er mal, in Form eines Witzes, klargemacht, dass man niemandem, wirklich niemandem glauben solle. Auch dem eigenen Vater nicht. Nachdenken ist die Devise. Nachdenken und Vorsicht.

HANS-DIETER SCHÜTT: Es fiel schon mal das Wort Verklärung. Jetzt kurz gefragt, als eine Art Zwischenbilanz unseres Gesprächs: Verklären Sie Ihren Vater?

GABRIELE GYSI: Das ist keine Frage, das ist eine Unterstellung. Die Liebe zu den Eltern ist das Normalste der Welt! Und sie ist immer auch ein Mysterium. Wir kommen aber nicht ohne Erklärungen aus, und somit nicht ohne Verklärungen, in welche Richtung auch immer. So einfach ist das.

GREGOR GYSI: Er war ein hochgebildeter Mann. Mit sehr viel Humor. Und einer großen Fähigkeit zur Liberalität. Gleichzeitig konnte er streiten, mit wirklicher Leidenschaft. Er war, für mich, ein bisschen zu wenig Vater, aber in dem, was ihm möglich war, ein guter. Also: Ich hätte mir manchmal ein bisschen mehr Väterlichkeit gewünscht – andererseits kann ich mich überhaupt nicht beschweren. Was ich durch ihn gelernt und begriffen habe, auch durch meine Mutter natürlich, das kann kein anderer Mensch wirklich einschätzen.

GABRIELE GYSI: Unsere Mutter war eine wunderschöne Frau. Da ihr Großvater Jude war, wurde auch ihr, als junger Frau, ein »J« in den Studentenausweis gestempelt. Sie war ebenfalls sehr gebildet, genau wie ihr späterer Mann, sie sprach vier Sprachen und konnte sehr witzig sein. Ihr Vater war sehr reich, ihre Mutter eine russische Aristokratin. Die Söhne der Familie von Schwarzbach waren im 18. Jahrhundert von Deutschland nach Russland ausgewandert. Im Gegensatz zu ihren Eltern – von denen sie oft sagte, sie seien nach dem Ersten Weltkrieg nie in der neuen Wirklichkeit angekommen – war meine Mutter ein modernes Mädchen der Zwanzigerjahre. Statusfragen waren für sie uninteressant. Wie jeder Mensch war auch sie durch ihre Voraussetzungen geprägt. Wie schon erwähnt: Sie dachte in Häusern, nicht in deutschen Kleinfamilien.

GREGOR GYSI: Während unser Vater ein glänzender Rhetoriker war, hielt unsere Mutter überhaupt nicht gerne Reden. Öffentlich zu sprechen, war ihr eine furchtbare Vorstellung. Aber Filme konnte sie ausgezeichnet nacherzählen. Mitunter wusste ich nicht mehr, ob ich einen Film selbst gesehen oder sich mir Bilder deshalb tief eingeprägt hatten, weil ich sie aus Erzählungen meiner Mutter kannte.

GABRIELE GYSI: Unsere Eltern waren nicht durchgängig in unseren Kinderalltag integriert. Die Folge war die fortwährende Suche nach Ausgleichen, nach Kompensation. Und also waren die Eltern dann doch wieder sehr präsent. Ich hab später mal zu meiner Mutter gesagt: »Oh, oh, ihr könnt den ganzen Tag dankbar sein, dass wir nicht kriminell geworden sind – bei der Vernachlässigung, die ihr an den Tag gelegt habt!«

GREGOR GYSI: Das meinte ich vorhin mit: »ein bisschen zu wenig Vater«.

GABRIELE GYSI: Durch die Lebensart und Arbeitsabläufe unserer Eltern besaßen wir wunderbare Freiräume. Da war nicht diese Übermacht von Aufsicht und Erziehung. Vati sagte mal: »Na ja, ihr seid eben in Freiheit dressiert.«

GREGOR GYSI: Bestimmte Dinge gab es für uns allerdings nicht. Als die Grenzen noch offen waren, fuhren viele aus unserer Schule nach Westberlin, tauschten Ostgeld im Kurs von fünf zu eins in Westgeld um und gingen ins Kino AKI – wo ich leider niemals war. Unsere Eltern erlaubten uns das nicht.

GABRIELE GYSI: Allerdings besuchten wir oft unsere Großmutter und Mascha, die Kinderfrau der Lessing-Geschwister in Nikolassee. Und da ich beim Mauerbau bereits vierzehn war und ein guter Mensch sein wollte, hatte ich die beiden alten Damen öfter allein besucht, um ihnen beim Einkaufen zu helfen. Außerdem kaufte ich mir vorher Schuhe für meine Jugendweihe in Westberlin. Es gab auch ganz unerwartete Erlebnisse. Es war wohl Tage nach der Pressekonferenz, auf der Walter Ulbricht verkündet hatte, niemand habe die Absicht, eine Mauer zu bauen, Juli 1961. Französische Freunde, die unsere Eltern oft besuchten, fuhren mit uns im Mercedes nach Westberlin. Wir sahen zum ersten Mal den Ku'damm, den Funkturm, die Avus, wir aßen in einem guten Restaurant und fuhren sogar durchs Brandenburger Tor. Meine Mutter hatte das wahrscheinlich organisiert.

GREGOR GYSI: Der Tag dieses Ausflugs war nicht zufällig gewählt und bekam seinen besonderen Charme durch die Zeitgeschichte: Es dauerte nicht lange, und die Mauer wurde gebaut. Unsere Mutter hat die Fahrt nach Westberlin eingefädelt? Ich denke, unser Vater hat den Mauerbau aus der Pressekonferenz Ulbrichts geschlussfolgert und uns deshalb noch schnell diesen Westberlin-Ausflug ermöglicht.

GABRIELE GYSI: Na, ich weiß wirklich nicht …

GREGOR GYSI: Doch, ich glaube, er hat etwas geahnt. Es ist doch ein häufiges Politikmuster: Ein Gerücht

»Eine moderne junge Frau« Irene Gysi, um 1938

wird am heftigsten dementiert, wenn es sich anschickt, Wahrheit zu werden. Später hat mir Egon Bahr erzählt, dass er am 11. August 1961 die Berichte der westdeutschen Geheimdienste gelesen hätte, in denen stand, dass am Wochenende nichts Besonderes zu erwarten sei. Schwerer Irrtum!

HANS-DIETER SCHÜTT: Ausdauernd wird von Außenstehenden im Zusammenhang mit Ihrem Elternhaus nach den Privilegien gefragt.

GREGOR GYSI: Wir waren im Urlaub nie in einem Regierungs- oder ZK-Heim, waren nie im Regierungskrankenhaus. Das eigentliche Privileg war neben den erwähnten vielen Büchern – der Besuch. Das gab es so kaum in der DDR, schon gar nicht nach dem 13. August 1961. Wir hatten Besuch aus den USA, aus Südafrika, aus Großbritannien, Belgien, Holland und vor allem aus Frankreich. Die Mutter meines Vaters lebte schließlich in Paris. Da war zum Beispiel dieser wohlhabende französische Unternehmer, den Gabriele schon erwähnt hat. Er sympathisierte mit der Französischen Kommunistischen Partei, er dachte offen links. Ich war noch ein Kind und fragte ihn, was gerade er als Kapitalist tun würde, wenn die sozialistische Revolution in Frankreich gesiegt habe. »Oh«, sagte er, »das weiß ich ganz genau: Dann gehe ich sofort in die Schweiz und kämpfe weiter.«

GABRIELE GYSI: Mit dieser Art Selbstironie wuchsen wir auf.

GREGOR GYSI: Liebe zu Büchern – wenn ich mal abschweifen darf – geht übrigens auch seltsame Wege. Meine Mutter kam von einer Dienstreise nach Georgien zurück. Dort hatte sie zum Abschied einen wunderschönen Bildband über das Land geschenkt bekommen, das sie besucht hatte. Kurze Zeit später beging ihr Staatssekretär einen runden Geburtstag, und sie schenkte ihm diesen wunderschönen Bildband über Georgien, für den sich der Staatssekretär natürlich sehr herzlich bedankte, so, wie sich auch meine Mutter bei ihren Gastgebern in der Sowjetunion sehr herzlich bedankt hatte. Wiederum kurze Zeit später war der ebenfalls runde Geburtstag meines Vaters, er war noch Kulturminister, und er bekam von seinem Staatssekretär diesen wunderschönen Bildband über Georgien geschenkt. Wofür er sich ebenso herzlich bedankte. Wenige Tage später hatte auch meine Mutter den gleichen runden Geburtstag wie mein Vater und bekam von ihrem geschiedenen Mann selbstverständlich ein Geschenk – und da war er wieder bei ihr, der wunderschöne Bildband über Georgien. Für den sich meine Mutter etwas weniger herzlich bedankte.

HANS-DIETER SCHÜTT: Wie war Ihr Umgang miteinander, als Geschwister?

GABRIELE GYSI: Wir haben beide sehr zusammengehalten. Meine Mutter fragte irgendwann schon automatisch, wenn sie etwas an Gregor auszusetzen hatte: »Gabriele, gestattest du, an deinem Bruder eine leichte Kritik zu äußern?« – »Nein! Natürlich nicht!«, war die Antwort.

GREGOR GYSI: Oder meine Mutter fragte mich: »Gregor, darf ich deine Schwester darauf aufmerksam machen, dass …?« Ebenso kategorisch kam auch von mir: »Nein!«

GABRIELE GYSI: Ja, wirklich, wir haben zu allen Zeiten fest zusammengehalten. Auch wenn sich Gregor jetzt des Öfteren über mich ärgert.

GREGOR GYSI: Das ist wahr. Ist doch aber ebenfalls eine Form des Zusammenhalts.

GABRIELE GYSI: Auch wieder wahr.

HANS-DIETER SCHÜTT: Worüber ärgern Sie sich denn?

GREGOR GYSI: Wenn Gabriele von etwas fest überzeugt ist, kann es passieren, dass sie einem Gesprächspartner nicht das Minimum einer Entgegnung gestattet. Sie knirscht dann zischend mit den Zähnen, und sofort denke ich an unseren Vater. Der konnte das genauso.

HANS-DIETER SCHÜTT: Der Zusammenhalt bei Ihnen war nichts Selbstverständliches, wenn man andere Funktionärsfamilien in politischen Zerreißproben betrachtet. Thomas Brasch zum Beispiel musste auf Geheiß seines Vaters auf die Kadettenschule, 1968 protestierte Thomas mit Freunden gegen die militärische Niederschlagung des Prager Frühlings, es kam zum schweren Zerwürfnis mit seinem Vater.

GREGOR GYSI: Glücklicherweise war ich genau zu jener Zeit auf Hochzeitsreise. Vielleicht hätte ich sonst bei diesen Protesten mitgemacht. Aber 1968 war das einzige Mal, dass ich ein Parteiverfahren bekam. Die Ereignisse in der Tschechoslowakei hatten dazu geführt, dass auch an der Universität die sogenannte ideologische Wachsamkeit erhöht wurde. Man produzierte auch Staatsfeinde, um als besonders parteilich dastehen zu können. Disziplinarische Vergehen, begangen aus unterschiedlichsten Gründen, wurden plötzlich als konterrevolutionär eingestuft. Gegen einen dieser Vorfälle an der Juristischen Fakultät argumentierte ich ziemlich logisch und zog mir den Ärger der Leitungen zu. Das Ergebnis war das erwähnte Parteiverfahren. Ich ließ nicht locker mit meiner Kritik, und in dieser Situation kam mein Vater zu mir und sagte: »Bitte, Gregor, übertreib es nicht.« Er verstand mich, aber er kannte die Strukturen und die Methoden, und er wusste, wie schnell etwas eingeleitet werden könnte, das dann eine böse Dynamik entwickelte. Er sprach zwar entschieden mit mir, aber doch auch gutmütig. Weil ich nachvollziehbar erklären konnte, warum ich so gehandelt hatte. Er war ja ein Anhänger von Logik.

GABRIELE GYSI: Es gab in der Familie schon Auseinandersetzungen. Aber es ging um thematische Diskussionen, nicht um gegenseitige Angriffe. Bei mir, und ich nehme an, bei Gregor war es ähnlich, gab es keine tiefen Gründe, sich unter allen Umständen vom Vater absetzen zu wollen oder absetzen zu müssen. Er war nicht der übermächtige, der Freudsche Vater.

GREGOR GYSI: Dieses Ereignis Prag hat mich insofern erschüttert, weil auch der Sohn eines Staatssekretärs im Kulturministerium und die Tochter eines ZK-Abteilungsleiters verhaftet wurden. Das waren Kinder von einstigen Emigranten – jetzt war deren antifaschistische Vergangenheit keine Schutzgarantie mehr, also auch für mich nicht.

II.
DA SASS ER GANZ ALLEIN IN DER ERSTEN REIHE DES THEATERS

G.G: Du unterschätzt die Wirkung der Parteidisziplin.
G.G.: Gar nicht! Aber ich unterschätze auch nicht die Eigenständigkeit.

Mit sechzehn war ich von der Weltrevolution innerhalb der nächsten fünf Jahre fest überzeugt. Deshalb bin ich ja nun etwas bescheidener geworden.

Wenn mich einer berechtigt fragt: »Hast du in deinem Leben überhaupt etwas verändert, etwas Bleibendes vollbracht?«, würde ich sagen: Vielleicht, dass ich dazu beitrug, dieses Missverstehen, das ständig da ist, etwas abzubauen.

KLAUS GYSI

»Man konnte sich mit ihm verschwören.« Klaus Gysi, etwa 1950

HANS-DIETER SCHÜTT: Herr Gysi, Sie haben es als einen großen Regierungsfehler bei der Herstellung der deutschen Einheit bezeichnet, die Eliten nicht vereinigt zu haben.

GREGOR GYSI: Das war Ignoranz, ja. Selbstredend mussten die politischen Eliten ausgetauscht werden, aber warum so rigide auch die wissenschaftlichen, medizinischen, künstlerischen? Ob an Universitäten, Theatern, Krankenhäusern. Ich habe, nachdem er nicht mehr Bundeskanzler war, mit Helmut Kohl darüber gesprochen. Er hat zu mir gesagt, seine Eliten, also die des Westens, hätten diese Vereinigung nicht gewollt. Ich antwortete: »Aber die ostdeutschen Eliten waren doch jetzt auch ›Ihre‹ Eliten.« Schweigen. Ein Beispiel dafür, dass da keine wirkliche Einheit hergestellt wurde – die Ostdeutschen blieben lange Zeit Hinzugekommene. Mehr nicht. Dass zwei Ärzte aus München nach Dresden kamen und dort Chefarzt und Oberarzt wurden, ist für jeden schnell vorstellbar. Dass zwei Ärzte von Dresden nach München gingen und dort als Chefarzt oder Oberarzt arbeiteten, nicht. Natürlich gab es Ausnahmen, das weiß ich, aber nach wie vor bestätigen Ausnahmen nur die Regel.

HANS-DIETER SCHÜTT: Ihr Vater gehörte zur politischen Elite.

GREGOR GYSI: Zum Zeitpunkt, als die deutsche Einheit hergestellt wurde, war er aber schon Rentner, ohne Funktion. Ihm gerecht zu werden, hatte also nichts mehr mit unmittelbaren Arbeitsmöglichkeiten zu tun – allerdings sehr wohl mit dem, was Gabriele schon sagte: mit gerechter Bewertung einer Lebensleistung. 1990 führte Günter Gaus mit mir ein Fernsehinterview, wir sprachen auch über meinen Vater. Gaus sagte, er sei tief skeptisch gegenüber dem Kommunismus, aber nie habe er verstanden, warum Antikommunisten geradezu ein Triumphgefühl zeigen, wenn sie feststellen dürfen, dass der Mensch nicht gut genug sei, um wirklich kommunistisch zu denken und zu handeln. In meinem Leben habe ich immer wieder festgestellt, dass Leute, gerade auch aus dem Westen, im persönlichen Gespräch weit respektvoller über meinen Vater und generell über bestimmte Vertreter der SED redeten, als es die offizielle westliche Geschichtsschreibung vorgab. Noch einmal Helmut Kohl: Er sagte mir, er hätte meinen Vater sehr gern kennengelernt. Als Kanzler konnte er ihn aus politischen Gründen nicht empfangen, später dann, als er das Amt nicht mehr hatte und es also möglich gewesen wäre, lebte mein Vater nicht mehr.

GABRIELE GYSI: Leute wie mein Vater hatten eine Vorstellung von Zukunft, die ist doch als Vorstellung vom Zusammenleben nach wie vor relevant. Die bleibt im Gespräch, verstanden oder unverstanden. Ich weiß noch, ich habe nach den Ereignissen von 1989/90 zu meinen Eltern gesagt: Ihr habt überhaupt nichts falsch gemacht!

HANS-DIETER SCHÜTT: Sehr absolut! Warum sagten Sie das?

GABRIELE GYSI: Ich wollte nicht, dass sie durch diese erneute, über sie hinwegrollende Verurteilung ihrer Lebensleistungen traurig würden. Aber sie waren gar nicht traurig. Es gab ja keine körperliche Gewalt, und sie blieben wach.

GREGOR GYSI: Den Satz, dass sie nichts falsch gemacht hätten in ihrem Leben, den hätten sie beide wirklich nie unterschrieben.

GABRIELE GYSI: Natürlich nicht. Es war überhaupt nicht falsch, sich gegen den Faschismus zu wenden, es war überhaupt nicht falsch, in die ärmere, sowjetische Besatzungszone zu gehen. Es war überhaupt nicht falsch, den Sozialismus als Staatsziel zu entwickeln. In den Zwischenräumen lagen die Konflikte, das ist normales Leben.

GREGOR GYSI: Ja, das Thema ist und bleibt: der Unterschied zu anderen Diktaturen. Ich kenne zum Beispiel das Arbeitsrecht der DDR sehr gut. Ich weiß, welche Vorzüge es hatte. Das Soziale bleibt eine Leistung der DDR. Aber immer, wenn es scheinbar oder wirklich um politische Machtfragen ging, hörte das Recht auf.

Das resultierte aus der Existenzangst und der Sorge, alle Strukturen könnten zusammenbrechen.

GABRIELE GYSI: Sie sind zusammengebrochen.

GREGOR GYSI: Ich habe das für mein Leben gelernt: Manchmal muss man auch was zusammenbrechen lassen – wenn du keine Kraft, keine Ideen und also irgendwann nicht mehr genug Leute hast, um andere Strukturen herzustellen.

HANS-DIETER SCHÜTT: Gabriele und Gregor Gysi, Eltern haben Vorstellungen, was ihre Kinder später mal werden könnten. Wie war das bei Ihnen?

GREGOR GYSI: Als Junge war ich in meiner Freizeit Synchronsprecher im DEFA-Studio Johannisthal. Von mir dachten viele, ich würde Schauspieler werden. Ich glaube, meine Eltern auch.

GABRIELE GYSI: Ich vielleicht irgend so etwas wie Anwältin. Unsere Opposition gegen die Eltern bestand offensichtlich darin, dass wir die Rollen tauschten. (*Lacht.*)

HANS-DIETER SCHÜTT: Ihr Vater wurde 1912 geboren, als Sohn eines Arztes.

GABRIELE GYSI: Ja, seine Mutter kam aus einer jüdischen Familie. Da Klaus eine jüdische Mutter hatte, war er nach jüdischem Recht Jude, für die Nazis war er

Halbjude. Die andere Großmutter, die Mutter seines Vaters, hat den Jungen mitgenommen, wenn sie den Maler Heinrich Zille besuchte, mit dem sie befreundet war. Die Mutter seiner Mutter, sagte er, »beendete ihr Leben in Auschwitz mit sieben Schwestern. Sie waren schon alte Herrschaften zwischen siebzig und achtzig Jahren, als sie in das erste Lager, Theresienstadt, eingeliefert wurden.« Wir besitzen noch eine Postkarte aus dem Vernichtungslager. Die Großmutter teilte mit, es gehe ihr gut, und man möge ihr bitte schreiben, selbst wenn sie selber nicht antworte. Es sind wohl sechsunddreißig Verwandte von uns ermordet worden. Für einen Bruder unserer Großmutter und seine Familie sind in Berlin-Friedenau Stolpersteine gesetzt worden.

HANS-DIETER SCHÜTT: Es gibt Menschen, die gelangen über theoretische Einsichten zu einer praktischen politischen Bewegung.

GABRIELE GYSI: Viele Menschen aber auch aus Anpassung, aus dem Wunsch nach Freunden. Heute gibt es oft die Lust am Event, die Bewegungen stimuliert. Manchmal sind sicher auch Impulse aus emotionaler Erschütterung, aus Empathie der Grund zum Handeln.

HANS-DIETER SCHÜTT: Wie bei Ihrem Vater?

GABRIELE GYSI: Ja. Der Fünfzehnjährige hat vom Fenster aus einen Protestzug von Arbeitern gesehen. Polizei fuhr vor und schoss. Der Junge sah einen toten Arbeiter auf der Straße liegen. Er ist oft gefragt worden, warum er in die KPD eintrat und nicht in die SPD. Da unten auf dem Pflaster, das war die Polizei der regierenden SPD. Außerdem war seine Mutter in der Kommunistischen Partei.

HANS-DIETER SCHÜTT: Wurden im Elternhaus Ihres Vaters religiöse Traditionen gepflegt?

GABRIELE GYSI: Nein. Als der kleine Klaus nach Jesus fragte, antwortete die Mutter, ihrer Meinung nach sei das der erste Kommunist gewesen. Klaus' Vater hat während der Nazizeit verfolgten Menschen geholfen, hat Lebensmittelmarken und Unterkünfte besorgt. Geistig, politisch, weltanschaulich hat er seinem Sohn früh vertraut. Vielleicht liegen hier Wurzeln dieser elterlichen Verständniskultur. Nach 1989 sind eine Freundin und ich mit unserem Vater durch Westberlin gefahren – zu Orten seines Lebens, die ihm wichtig waren. In der Sonnenallee, Ecke Fuldaer oder Ercktstraße, jedenfalls gegenüber vom Polizeirevier bat er uns, zu stoppen. An der Ecke die Kneipe »Zum Tiger«, gegenüber waren damals Wohnung und Praxis seiner Eltern. Der Hausmeister der Schule hatte die Kinder nach Hause geschickt: »Heute ist Revolution!« Aus dem Polizeirevier war geschossen worden. Was tun an dieser Ecke? Wo doch jetzt geschossen wurde. Klaus dachte: Revolution ist für Erwachsene – da laufe ich als Kind unter der Revolution durch.

HANS-DIETER SCHÜTT: Also unter Kugeln.

GABRIELE GYSI: Vor den vier Treppenstufen von der Straße hoch zur Haustür musste er nachdenken. Er wäre ja zu einem Erwachsenen geworden. Was tun? Zum Glück bewahrte ihn sein Vater vor einer Entscheidung, er kam und riss ihn aus der Revolution – durch die Haustür.

GREGOR GYSI: Unser Vater hat später immer drei Gründe angegeben, warum ihn die Nazis verfolgt hatten: Erstens sei er Mitglied der Kommunistischen Partei Deutschlands gewesen, zweitens habe er eine jüdische Mutter, und drittens sei er Brillenträger. Erstaunt wurde dann zurückgefragt, wieso Brillenträger. Seine Gegenfrage: »Und wieso das andere?«

HANS-DIETER SCHÜTT: Haben Sie Antisemitismus in der DDR erlebt?

GABRIELE GYSI: Nein.

HANS-DIETER SCHÜTT: Auch links gab und gibt es Antisemiten.

GABRIELE GYSI: Das revidiert nicht die grundsätzliche Gleichheitsvorstellung des Kommunismus. Die Gleichberechtigung der Geschlechter, der Völker hat Brecht in seinem Friedenslied sehr schön ausgedrückt: »… und nicht über und nicht unter anderen Völkern wollen wir sein.« Für den Antisemitismus gibt es im Kommunismus keine theoretischen Grundlagen. Ja, der Antisemitismus macht auch vor Linken keinen Halt. Aber den Wert und die Gültigkeit humaner Gesetze mindert ja nicht, dass es trotz allem und immer wieder Verfehlungen gibt. Das Geld zum Beispiel wird nicht angezweifelt, obwohl gerade Geld die Ursache sehr vieler Verbrechen ist.

GREGOR GYSI: Antisemitismus habe ich persönlich auch nicht erlebt.

HANS-DIETER SCHÜTT: Die eigene Erfahrung ist nicht alles.

GREGOR GYSI: Es ist immer die Frage, was man verallgemeinern darf und was nicht. Nach dem Sechs-Tage-Krieg Israels gegen Syrien wurden jüdische Persönlichkeiten von einem Mitarbeiter des ZK der SED angerufen und gefragt, ob sie bereit seien, eine kritische Erklärung zur Politik Israels zu unterzeichnen. Einige sagten zu, andere lehnten ab. Es muss eine Liste mit den Telefonnummern dieser jüdischen Prominenten gegeben haben – wie sonst konnte der ZK-Mitarbeiter diese Leute so schnell anrufen? Wer aber hat wann und warum diese Liste angefertigt? Das fragte ich meinen Vater, er konnte mir diese Frage nicht beantworten. Aber ich merkte, er kam ins Grübeln.

HANS-DIETER SCHÜTT: Zitat Gregor Gysi: »Ein bekannter DDR-Schriftsteller sagte, er sei froh, dass seine Enkelkinder nicht wüssten, was ein Jude ist. Das war zwar nicht antisemitisch, sondern ganz im Sinne von Lessings ›Nathan der Weise‹: bewusste Leugnung religiöser Unterschiede als Beweis eines übergreifenden Humanismus –

wer also nicht weiß, was ein Jude ist, hat die rassistische Einteilung von Menschen überwunden. Aber andererseits: Das Jüdische gar nicht mehr hervorzuheben, ist ein seltsamer Stolz auf ein kulturgeschichtliches Unwissen.«

GREGOR GYSI: Das erzählt etwas von dieser gewissen proletarischen Arroganz, die zur Tragödie der Arbeiterbewegung gehört. Als Erich Honecker in die USA reisen wollte, gehörte zum diplomatischen Vorspiel auch die US-amerikanische Forderung, die DDR müsse ihr Verhältnis zum Judentum und zu Israel verbessern. Plötzlich konnte mein Vater als Staatssekretär für Kirchenfragen durchsetzen, dass Pläne für eine Straße quer durch den großen Jüdischen Friedhof in Berlin-Weißensee endlich ad acta gelegt wurden.

GABRIELE GYSI: Unsere Eltern setzten sich sehr dafür ein, die große Synagoge in der Oranienburger Straße in Berlin wieder aufzubauen. Mitsamt dem goldenen Dach. Die Wiedereröffnung fand statt, da waren wir schon Bundesrepublik. In den Festreden fehlte die auftraggebende Bauherrin, die DDR.

GREGOR GYSI: Vater war trotzdem bei dem Festakt dabei. Es gibt Dinge, die können einem Menschen auch durch öffentliche Ignoranz nicht genommen werden.

GABRIELE GYSI: Das stimmt! Natürlich war die deutsche Geschichte ein Thema an Selbstverständnis dieser Famile. Er hat mal eine Rede gehalten auf dem Jüdi-

»Im Sinne von Lessings Nathan« Staatssekretär Klaus Gysi auf einem jüdischen Friedhof

schen Friedhof in Berlin-Weißensee. Es war eine Rede davon, wie sich die Geschichte der Juden in der DDR letztlich positiv aufhebt, etwa in der Logik, dass alle Geschichte Vorgeschichte war und wirkliche Geschichte erst mit dem Aufbau des Sozialismus beginnt. So sei es auch mit der jüdischen Geschichte. Das sah ich völlig entgegen gesetzt. Man könne nicht sechs Millionen Menschen umbringen und ihnen anschließend auch noch die eigene Geschichte wegnehmen. Er meinte, das wolle doch niemand. »Doch, das tut ihr!« Im Grunde war die Rebellion von Kindern dieser jüdischen Kommunisten damals in der DDR eine Rebellion gegen diese Vereinnahmung, gegen dieses Ignorieren einer sehr speziellen Identität.

GREGOR GYSI: Ich kann mich erinnern, dass unsere Großmutter Mummi, die nach dem Krieg in Frankreich blieb und in Paris lebte, die Menschen sehr entschieden in Juden und Nichtjuden einteilte. Als ich ihr als Kind einmal entgegnete, dass es doch nicht auf die religiöse oder nationale oder sonst wie definierte Herkunft ankäme, sondern auf andere Dinge, da hat sie mich so ernst wie nie wieder angeherrscht und zurechtgewiesen: »Das war nun mal das entscheidende Element in meinem Leben, davon hing mein ganzes Schicksal ab.« Recht hatte sie.

HANS-DIETER SCHÜTT: Es gibt einen Lebensbericht Ihres Vaters vom Januar 1951. Da schreibt er über seine Mutter, als eine Art Begründung für höhere Stellen, wieso sie nicht aus Paris in die DDR komme: »Sie steht auch heute noch von Grund auf positiv zur Partei, zur Sowjetunion, ohne jedoch meines Wissens noch aktiv oder organisiert zu sein. Sie ist außerdem ziemlich krank. Unser persönlicher Kontakt ist gering und beschränkt sich auf äußerst raren, etwa halbjährlichen Briefwechsel.«

GABRIELE GYSI: Das war wahrscheinlich eine Art Fragebogen-Intelligenz von ihm. Unsere Großmutter Erna – jene Mummi – ist für Gregor und mich ein besonderer Mensch gewesen. Wir durften sie nicht besuchen, aber sie kam zu uns. Sie hatte einen Humor, den ihr Sohn erbte, das kann man mit Gewissheit sagen. Sie hat natürlich auch unseren Horizont erweitert. Ihre Neugier und ihr Weitblick waren beeindruckend, nicht nur für uns.

GREGOR GYSI: Die Liebe zu ihrem Sohn zeigte sich später in einer speziellen Art der Rücksichtnahme. Sie wurde in Paris eine Staatenlose, denn: Sie wollte ihrem Sohn in dessen politischer Tätigkeit nicht zumuten, eine BRD-Bürgerin als Mutter angeben zu müssen. Das war für Mummi freilich mit Problemen verbunden: Sie war als Staatenlose nämlich verpflichtet, sich regelmäßig bei der französischen Polizei zu melden, und Schwierigkeiten beim Reisen in andere Länder gab es auch. Mein Vater bemühte sich beim ZK der SED, und schließlich durfte sie, ohne dass es Konsequenzen für ihn hatte, die Staatsbürgerschaft der BRD annehmen und erhielt den dazugehörigen Reisepass. In gewisser Weise hat die Parteiführung über die Staatsbürgerschaft meiner Großmutter entschieden. Seltsame Zeiten!

HANS-DIETER SCHÜTT: Wie haben sich Ihre Eltern kennengelernt?

GREGOR GYSI: Sie studierten gemeinsam an der Uni in Berlin. Unsere Mutter hielt es für ihre Pflicht, den neuen Bekannten darüber informieren zu müssen, dass sie als sogenannte Vierteljüdin – wie schon geschildert: ihr Großvater war Jude – einen gelben Streifen auf ihrem Studentenausweis habe. Unser Vater in seiner Art tat zunächst, als ob er sie nicht richtig verstünde, er fragte immer wieder nach. Erst nach etwa zwanzig Minuten zog er seinen eigenen Studentenausweis aus der Tasche: Er galt bei den Nazis als »Halbjude«. Unsere Mutter hat mir das später erzählt, auch, dass sie in diesem Moment überlegt habe, entweder sofort aufzustehen und für immer zu gehen – oder sich auf immer für diesen Mann zu entscheiden.

GABRIELE GYSI: Irene Lessing war bei den Roten Studenten organisiert, sie war eindeutig gegen die Nazis. Ihr ganzes Kultur- und Lebensverständnis widersprach den irrationalen und brutalen Wertvorstellungen der Nazis. Beide durften an der Universität keine Doktorarbeit mehr schreiben, nachdem sie ihre Diplome als Volkswirte erworben hatten. Beide hatten auch in Cambridge und Paris studiert, an der Sorbonne. Er sprach Französisch und Englisch, sie Russisch, Englisch und Französisch. Mit der Herrschaft der Nazis waren sie aussortiert, es gab in diesem Deutschland keinen Platz mehr für sie.

HANS-DIETER SCHÜTT: Aber es gab doch auch eine frühe Zwischenzeit der Trennung?

GABRIELE GYSI: Ja, Irene ging 1936 für ein Jahr nach Südafrika.

GREGOR GYSI: Klaus schrieb ihr allerdings lange Liebesbriefe und bat sie um Rückkehr.

GABRIELE GYSI: Sie verließ dort einen äußerst reichen Verlobten, der groß war, gut aussah und super Tennis spielen konnte. Aber sie fährt zu ihrem halbjüdischen Klaus nach Berlin, mitten in den heraufziehenden Faschismus. Ihre Vorbilder waren keine deutschen Mütter mit Mutterkreuz, sondern zum Beispiel die Gräfin Bertinskaja, die Verlobte eines Dekabristen, dem diese aus Liebe nach Sibirien folgte. Für sie war Kultur mehr als Karriere und Unterhaltung, es war eine Anschauung von Welt. Barbarisch und tragisch, was Faschismus und Krieg angerichtet, zerstört haben. Das ist wirklich traurig. Heute inszenieren wir uns solistisch und springen comicartig von Situation zu Situation.

GREGOR GYSI: Unsere Eltern waren auch mit Felix Hartlaub befreundet. Der war bis April 1945 als Historiker im Führerhauptquartier tätig, als Kriegstagebuchschreiber. Er wurde noch im April 1945 eingezogen. Meine Mutter bot an, ihn zu verstecken. Er lehnte ab.

GABRIELE GYSI: Er sagte, als sie sich am Bahnhof Nikolassee verabschiedeten: »Du hast schon Klaus, wir sehen uns nach dem Krieg, um 6 Uhr früh im Café Kelch.« Ein Zitat aus dem »Braven Soldaten Schwejk«. Wahrscheinlich wurde seine S-Bahn bombardiert. Er kam nie wieder.

GREGOR GYSI: Was für eine Dimension hatte das Leben unserer Mutter! Geboren in Russland, als Tochter eines reichen Mannes, mit einer adligen Mutter. Dann kommt sie nach Deutschland, kann zunächst kein Wort Deutsch, wird am Schlachtensee groß, in

Berlins nobelster Gegend, geht mit ihrem Mann in den Osten, im August 1949, da gab es noch keine DDR …

GABRIELE GYSI: Diese Biografien mit heutigen Karrierevorstellungen erklären zu wollen, ist einfach schwachsinnig. Beide hätten wirklich andere Möglichkeiten gehabt, wären sie nicht in den ärmeren Teil Deutschlands gegangen.

HANS-DIETER SCHÜTT: Herr Gysi, Sie schreiben über das Exil Ihrer Eltern: »Sie trafen sich im nicht besetzten Teil Frankreichs und konnten sich dort gut verstecken. Sie besaßen noch gültige Pässe.«

GABRIELE GYSI: Nach der Besetzung Frankreichs waren sie noch in einem Sammellager für Deutsche, meine Mutter in Jurs, einem Lager für Frauen und Kinder, mein Vater in einem Lager für männliche Internierte, aus dem an die Nazis übergeben werden sollte. Ein französischer Offizier ließ Kommunisten und Juden vortreten, befahl ihnen, einen Lkw zu besteigen. Mein Vater und zwei Freunde, Bruno Haid und Karl Burckhardt, waren auch dabei. Als der Laster hielt, befahl der französische Offizier ihnen, abzusteigen. Er sagte, sie seien jetzt im noch unbesetzten Teil Frankreichs, mehr könne er für sie nicht tun – und fuhr wieder ab. Als unser Vater diese Geschichte viele Jahre später erzählte, sagte er: »Seht ihr, da verdankt man jemandem sein Leben und weiß nicht einmal, wie er heißt.«

HANS-DIETER SCHÜTT: Die Leitung der Kommunistischen Partei Deutschlands in Frankreich beschloss die Rückkehr von Klaus Gysi nach Berlin. Obwohl ihn einige Freunde warnten, war Ihr Vater willens, die Order der Partei umzusetzen. Das Risiko war für beide erheblich. Warum waren Ihre Eltern 1939 überhaupt nach Frankreich gegangen?

GABRIELE GYSI: Er hat, glaube ich, auf einem Schriftstellerkongress gesprochen, außerdem war seine Mutter nach Frankreich emigriert.

GREGOR GYSI: In Paris versuchten sie, einen US-Pass oder ein schweizerisches Einreisedokument zu bekommen, was ihnen aber nicht gelang.

GABRIELE GYSI: Trotz der Schweizer Vorfahren unseres Vaters.

HANS-DIETER SCHÜTT: Und nun dieser Befehl zur Rückkehr.

GABRIELE GYSI: Welcher Befehl? Wer befiehlt, braucht Macht. Wer übte diese Macht aus?

GREGOR GYSI: Auf der Zugfahrt von Irene Lessing und Klaus Gysi nach Deutschland wurde plötzlich die Abteiltür aufgerissen, SS-Männer stiegen ein. Unser Vater begann umgehend, jüdische Witze zu erzählen. Die SS-Männer, so unsere Mutter später, hätten sich auf die Schenkel geklatscht vor Lachen. Sie selber sei vor Schreck völlig gelähmt gewesen. Irgendwann stiegen die SS-Leute wieder aus. Notwehr gelungen. Ablenken vom Jüdischen – indem man es hervorkehrte. Die alte Weisheit: Wo versteckt man ein Laubblatt am sichersten? Im Wald.

GABRIELE GYSI: Unsere Eltern schlugen sich nach Berlin-Nikolassee durch, an den Schlachtensee zu den Eltern von Irene Lessing. Links und rechts Nazigrößen in beschlagnahmten Häusern.

GREGOR GYSI: Ausgerechnet dorthin? Ja, sagte unser Vater, hier finden keine Razzien statt. In Neukölln hätten sie nie überlebt. Ende April 1945, kurz vor Kriegsende, kam doch eine Streife. Sie sah sich das Haus an, um eventuell dort Quartier zu beziehen. Der Militärarzt wollte den an Diphterie erkrankten Untermieter sehen. Unsere Mutter führte ihn zu Klaus, der im Bett lag. Der Militärarzt fragte, wer der behandelnde Arzt sei. Unser Vater nannte seinen Vater: Hermann Gysi. Der Militärarzt brach daraufhin die Untersuchung des zu Tode erschrockenen, gesunden Patienten ab. Die Streife verließ das Haus.

GABRIELE GYSI: Seit Langem streiten Gregor und ich über das mögliche Motiv des Arztes.

GREGOR GYSI: Vielleicht hat der Arzt gedacht, in einer ähnlichen Notlage hätte er seinem eigenen Sohn auf die gleiche Weise zu helfen versucht.

GABRIELE GYSI: Ich vermute eher, er war als Medizinstudent mal bei Hermann Gysi, als der bei Sauerbruch

Assistent war. Vielleicht hat er ihm bei einer Prüfung geholfen.

GREGOR GYSI: Wer weiß. Ein Leben kann jedenfalls von einer solchen Sekundenentscheidung eines anderen Menschen abhängen.

HANS-DIETER SCHÜTT: Im antifaschistischen Auftrag von der Partei nach Hitlerdeutschland zurückgeschickt zu werden – wenn man die Kräfteverhältnisse und Wirkungschancen der damaligen Zeit bedenkt: ein Himmelfahrtskommando.

GABRIELE GYSI: Ich bitte Sie! Was heißt denn, er wurde geschickt? War da ein großes Haus, in dem die Partei saß und tagte und beschloss und dirigierte? War da ein Gremium, das kalt entschied? Das genau sind sie, diese Nachkriegsvorstellungen, die eine Ideologie entlarven wollen und selber auf fragwürdige Weise Ideologie sind. Meine Eltern hielten sich im unbesetzten Teil Frankreichs auf, und wenn sie dort hätten bleiben wollen, wären sie geblieben, und nichts wäre passiert. Sie wurden geschickt? Das assoziiert eine Parteistrafe, wenn sie sich geweigert hätten. So ein Blödsinn. Der antifaschistische Widerstand war zersplittert, es war schwierig und gefährlich, Verbindungen herzustellen. Diese Menschen damals, sie haben ihre Gegenwart genauso wenig überblickt, wie alle Menschen aller Epochen ihre Zeit überblicken. Aber: Sie wollten etwas tun gegen Hitler, gegen den Krieg, gegen die Judenverfolgung, und also wagten sie die Rückkehr. Unter dem Gesichtspunkt des Überlebens ist so etwas Irrsinn, aber es war für sie zwingend. Welcher Mut dürfte denn wirklich so genannt werden, wenn er schon anfangs in der Lage wäre, alles bis zu Ende zu durchdenken?

HANS-DIETER SCHÜTT: Sie, Gregor Gysi, sehen das etwas anders?

GREGOR GYSI: Zurück in Feindesland geschickt zu werden ... Bei allem Einverständnis meiner Eltern für diesen Schritt: Es war ein Parteibeschluss. Unser Vater hätte für sich eine sehr gute Begründung benötigt, um sagen zu dürfen: »Ich erfülle euren Beschluss nicht.«

GABRIELE GYSI: Er wollte offensichtlich nicht ablehnen.

GREGOR GYSI: Du unterschätzt die Wirkung einer Parteidisziplin, die an einem bestimmten Punkt Menschen dazu bringt, auch wider ihre Natur zu handeln.

GABRIELE GYSI: Unterschätze ich nicht. Aber sich solcher Disziplin zu unterwerfen, war ihr freiwilliger Entschluss. Die Entscheidungen der Verantwortlichen für Krieg und Verfolgung – die waren unmenschlich! Die und nichts anderes! Die Partei war im besten Fall genauso blöd wie der Rest der Welt.

GREGOR GYSI: Die Situation war grundsätzlich unmenschlich, ja.

GABRIELE GYSI: Unsere Eltern sind nicht unter Waffengewalt zurück nach Deutschland getrieben worden. Leichtfertig oder nicht leichtfertig, in der Sekunde der Entscheidung schien ihnen der Schritt nötig zu sein. Die Kommunisten waren die Einzigen, die von Anfang an gegen die Nazis waren. Und zwar nicht ein bisschen oder abwartend oder taktierend, sondern ganz eindeutig. Und dementsprechend eindeutig hat man sie behandelt. In dieser Haltung gegen die Nazis waren die Kommunisten besonders, sie versteckten sich nicht, sie waren jeder für sich eigenständig. Man blickt dem Tod allein in die Augen. Das gilt für jeden Menschen.

GREGOR GYSI: Trotzdem war es wie gesagt. Deine und meine Wahrheit passen durchaus zusammen.

HANS-DIETER SCHÜTT: Was haben Irene und Klaus Gysi überhaupt gemacht in Berlin?

GREGOR GYSI: Sie arbeiteten für einen Verlag, verfassten Festschriften für Unternehmen. Zu diesem Zweck besichtigten sie den jeweiligen Betrieb, und parallel zu den offiziellen Recherchen sammelten sie Informationen über mögliche Rüstungsproduktionen. Vater gab diese Fakten und Wahrnehmungen an einen Verbindungsmann weiter. Wohin sie von dort aus flossen, erfuhr er nicht, er konnte es nur ahnen. Wahrscheinlich gingen sie nicht nur an die KPD, sondern möglicherweise auch nach Großbritannien. Anfang der Fünfzigerjahre sollte ihm das – er war ja Westemigrant – im Rahmen einer Untersuchung durch seine Partei Schwierigkeiten bereiten.

GABRIELE GYSI: Irgendwann hab ich mal gehört, dass sie mit dem Kernphysiker Klaus Fuchs in Verbindung standen, der für den sowjetischen Geheimdienst arbeitete.

HANS-DIETER SCHÜTT: Haben Sie eine Erklärung dafür, dass Menschen wie Ihr Vater todesmutig gegen Hitler kämpften, aber später weniger Mut aufbrachten, der Verkrustung in der eigenen Partei entgegenzutreten?

GREGOR GYSI: Oft habe ich mich das auch gefragt: weshalb dieser Mut später fehlte, in der DDR, gegenüber der SED-Führung und deren Enge und unter friedlichen Bedingungen. Helmut Kohl war es, der mir meinen Vater diesbezüglich erklärt hat.

HANS-DIETER SCHÜTT: Wie bitte?

GREGOR GYSI: Ja, Helmut Kohl. 1999 traf ich mich – halbprivat gewissermaßen – mit dem ehemaligen Bundeskanzler. Wir sprachen auch über diese Frage von Mut und Anpassung. Kohl sagte: Wenn sich mein Vater in der DDR gegen die SED gestellt hätte, wäre er keiner mehr von den Seinen gewesen, aber doch danach auch kein Konservativer geworden. Er hätte doch die Seiten nicht gewechselt. Mithin wäre er sehr einsam geworden – inmitten der eigenen Genossen. Der Mut gegen die Nazidiktatur wurde durch das Gefühl angetrieben und bestärkt, Teil einer großen kämpferischen Solidargemeinschaft zu sein, die auch etwas mit Märtyrerschaft zu tun hatte, mit der Gewissheit von Wirkungen also, die über den möglichen Tod hinaus lebendig geblieben wären. Über dieses Argument dachte ich lange nach. Natürlich kommt für mich bei der Bewertung späterer Parteidisziplin auch noch jene politische Grundüberzeugung hinzu, die Menschen wie meinen Vater vieles relativieren und dulden ließ … Aber das mit der Einsamkeit stimmt. Ist ja kein Zufall, dass geschasste Leute aus der Parteiführung danach oft in Archiven arbeiteten: Dort waren sie allein, dort waren sie relativ kontaktarm … Es ärgerte mich übrigens ein bisschen, dass ausgerechnet Helmut Kohl mir meinen Vater besser erklären konnte als ich mir selbst. Aber so geht es einem des Öfteren mit nahestehenden Personen.

HANS-DIETER SCHÜTT: Nach 1945 war Ihr Vater Bürgermeister von Berlin-Zehlendorf, verantwortlich für Ordnung und Sicherheit.

GREGOR GYSI: Wenn er für eines ungeeignet war, dann für dieses Ressort! Bei den US-Militärs gingen deutsche Prostituierte ein und aus, vor allem natürlich nachts. Am Morgen wurden sie von den Soldaten entlassen – aber ohne ihre Kleidung. Mein Vater war zuständig dafür, diese Frauen wieder einzukleiden. Das erwies sich als schwierig, Kleidung war knapp. Er ging zur Kommandantur der US-Amerikaner und bat darum, man möge den Frauen doch wenigstens ihre Sachen hinterherwerfen, wenn man sie aus der Kaserne »entließ«. Das wurde akzeptiert, und damit kam es zu einer anderen Umgangskultur mit den nächtlichen Besucherinnen. Solche und ähnliche Geschichten erzählte er gern.

HANS-DIETER SCHÜTT: Wenn man so eine politische Biografie wie die Ihres Vaters betrachtet, findet man unwillkürlich auch taktische Enge und tagesbezogene Fehlleistungen.

GREGOR GYSI: Ja, natürlich. Zum Beispiel wurde unser Großvater Hermann Gysi nach dem Zweiten Weltkrieg einer der Chefärzte im Berliner Oskar-Ziethen-Krankenhaus. Sein Sohn Klaus hat sich damals etwas abfällig zu dieser Entscheidung geäußert. Denn sein Vater sei doch ein ausgewiesener Sozialdemokrat, also überhaupt nicht geeignet für eine so hohe Leitungsposition. Ein höherer Genosse hat unseren Vater zurechtgewiesen: Über Berufungen hätten glücklicherweise nicht die Söhne zu entscheiden. Der Vorfall blieb unserem Vater in Erinnerung – in Dank an den höheren Genossen und dessen Weisheit.

HANS-DIETER SCHÜTT: Am 27. Februar 1963 schreibt Aufbau-Verlagsleiter Klaus Gysi an den Literaturwissenschaftler Hans Mayer und »bittet« ihn um Streichungen in einem Manuskript. Es ging sehr unsanft um Ernst Bloch: »Ich denke, dass es unnötig ist, einen Mann in dieser Weise ohne Notwendigkeit von der Sache her zu erwähnen und damit erneut zu popularisieren, der unserer Republik in solcher Weise in den Rücken gefallen ist und das auch weiterhin tut, wie Dir und uns bekannt ist.«

GREGOR GYSI: Er zog aufgrund seiner Funktion klare, harte Leitplanken ein, aber er konnte auch lavieren und lancieren. Der Irrtum gehörte dazu.

HANS-DIETER SCHÜTT: Marcel Reich-Ranicki schrieb Anfang 1966 in der »Zeit«, Gysi sei »ein Funktionär geworden und ein Intellektueller geblieben«. Er sei »parteiergeben und doch intelligent«, sei »moskauhörig und zugleich beweglich«. Die Berufung eines solchen Mannes gerade jetzt zum Kulturminister beweise, »dass man im Zentralkomitee der SED nach der Panik und Hysterie, die auf dem 11. Plenum Mitte Dezember 1965 sichtbar wurden, wieder nüchtern und sachlich zu denken beginnt und praktische Auswege sucht«. Und Heiner Müller hat in seiner Autobiografie notiert, Klaus Gysi sei immer »der Wendigste« gewesen. »Wenn er als Kulturminister einen Reiseantrag von mir ablehnte, weil das Stück, das ich mir ansehen wollte, in der DDR verboten war, konnte ich ihm einen Brief schreiben, und dann ging es manchmal. Der hat immer alles mit der linken Hand erledigt.«

GREGOR GYSI: Heiner Müller hat ja auch von einem Schriftstellerlehrgang in Bad Saarow erzählt. Dort hat jemand meinen Vater gefragt, wieso denn ausgerechnet Johannes R. Becher den Text für die Nationalhymne der DDR geschrieben habe. Es war nicht als Lob gemeint. Mein Vater antwortete, so kolportiert es Heiner Müller: »Was wollt ihr? Wenn Becher sie nicht geschrieben hätte, hätte Koplowitz sie geschrieben.«

HANS-DIETER SCHÜTT: Jan Koplowitz war ein Autor von Produktions-Reportagen.

GREGOR GYSI: Ein Hinweis darauf, was mein Vater von einer bestimmten Art propagandistischer Literatur hielt. Er hatte aus Erfahrung ein Gespür für die tröstliche Wirkung kleinerer Übel. Becher war für ihn offenbar das kleinere Übel. Der ganze Saal lachte über die Antwort meines Vaters, und die Frage war erledigt.

HANS-DIETER SCHÜTT: Bevor Klaus Gysi Kulturminister wurde, soll es ein Gespräch mit Willi Stoph gegeben haben. Bei Heiner Müller ist zu lesen, Ihr Vater habe in dieser Unterredung gesagt: »Ich gehe fremd, da kann man doch nicht Minister werden.« Stoph habe ihm ausdrücklich garantiert, dass er das auch weiterhin machen könne.

GREGOR GYSI: Wir sind jetzt tief im Anekdotischen. Andere Quellen sagen, dieses Gespräch habe bei Hermann Axen stattgefunden, als unser Vater Botschafter in Italien werden sollte.

HANS-DIETER SCHÜTT: Noch mal Heiner Müller: »In der Zeit, als er Kulturminister war, hat er grundsätzlich kein DDR-Manuskript gelesen, nur Kriminalromane von Desch.«

GABRIELE GYSI: Unsinn! Das hat er vielleicht gesagt, um nicht tausend idiotische Fragen zur Kulturpolitik beantworten zu müssen.

HANS-DIETER SCHÜTT: Klaus Gysi habe sich, so Müller, »zusammen mit dem jeweiligen Musical-Clown des Zentralkomitees verbotene Filme angesehen, zum Beispiel ›Letzter Tango in Paris‹. Natürlich haben sie dann

»Sich nicht an den falschen Stellen zergrübeln« Komponist Paul Dessau übergibt Kulturminister Klaus Gysi die Partitur der Oper »Lanzelot«, 1969. Heiner Müller (Mitte) schrieb das Libretto.

festgestellt: Das kann man der Bevölkerung nicht zumuten.«

GABRIELE GYSI: Auch Unsinn.

HANS-DIETER SCHÜTT: 1975 hatte Müllers »Umsiedlerin« in der Volksbühne Premiere, deren Inszenierung von B. K. Tragelehn war ja fünfzehn Jahre zuvor als kon-

terrevolutionär verboten worden. Gysi zu Müller, so ist es in dessen Erinnerungen zu lesen: »›Siehst du, Heiner, ich habe dir immer gesagt, das war zu früh damals. Ein wunderbares Stück.‹ Ich war nie in irgendeinem Arbeitskontakt mit ihm, er hatte nie die Aufgabe, mich zu irgendetwas zu überreden. Privaten Kontakt hatte ich mit Gysi erst, als er keine Funktionen mehr hatte.«

GABRIELE GYSI: Meine Freundin Gabriele Heinz und ich spielten als Studentinnen im »Faust« mit, 1968 am Deutschen Theater, in der heiß diskutierten Inszenierung von Adolf Dresen und Wolfgang Heinz. Wir durften beim »Osterspaziergang« über die Bühne wandern. Nach der Pause bei der Premiere sahen wir durch den Vorhangschlitz: Die politische Prominenz in der ersten Reihe war verschwunden, nur mein Vater saß noch da, einsam und neugierig. Er war damals Kulturminister. Da saß er nun, ganz allein in dieser ersten Reihe. Als wir uns zum Schluss verbeugten, zwinkerte er mir zu. Die Aufführung wurde stark diskutiert, es gab ein aufgeladenes Pro und Kontra – und Gerüchte, man wolle sie aus ideologischen Gründen absetzen. Ich hab meinem Vater gesagt: »Vati, wenn ihr das macht: Ich spreche kein Wort mehr mit dir.« Das hatte ich aus einer Erzählung von Vercors zitiert, die er im Aufbau-Verlag herausgebracht hatte: »Das Schweigen des Meeres«. Wir verstanden uns sofort.

GREGOR GYSI: Wegen »Faust« gab es daheim einen Streit sondergleichen. Es ging hoch her. Und da wurde nicht schlechthin was gesagt – ihr habt euch angezischt! Ich sag ja: Ihr konntet beide ganz enorm zischen – also zischend mit den Zähnen knirschen. Du hast erklärt, warum die Inszenierung gut und nötig war, er setzte dagegen, was ihm missfiel. Du hast diese Ansicht auch gar nicht abgetan, aber du hast darauf gepocht, dass er zwar seine Meinung haben, diese aber nicht zum Verbot führen dürfe. Dass es also die Partei grundsätzlich nichts anginge, wenn Künstler ihre Arbeit täten. Es ging aufgeregt hin und her.

GABRIELE GYSI: So hast du das in Erinnerung?

HANS-DIETER SCHÜTT: Ulbricht hatte übrigens schon während der Proben zum »Faust« vom Gerücht gehört, die Inszenierung werde »fürchterlich«, denn sie wende sich gegen das heroische Bild vom »Genossen Faust«. Der Vorwurf, den er an Minister Gysi weitergab, war ihm von Ehefrau Lotte eingeflüstert worden. Gysi habe daraufhin zu Ulbricht gesagt, wenn schon Frau Lotte im Hause Ulbricht für Kulturpolitik zuständig sei, solle man am besten sie zum Kulturminister machen. Ulbricht habe gelacht, aber dann gesagt, Gysi trage die volle Verantwortung für das, was am DT geschehe.

GABRIELE GYSI: Die Inszenierung wurde jedenfalls nicht abgesetzt. Sie hatte viele Verteidiger.

HANS-DIETER SCHÜTT: Klaus Gysi wird 1991 sagen: »Jede Macht korrumpiert. Zu dieser Überzeugung habe ich lange gebraucht. Es ist Unsinn zu glauben, man könne sich davon freimachen, weil man es weiß.«

»Manchmal einsam, immer neugierig« Klaus Gysi mit Anna Seghers, 1970

GREGOR GYSI: Er behauptete aber nie, es wäre deshalb Unsinn, überhaupt zu glauben. Klar wusste er als Kulturminister, dass es Künstler gibt, die weniger gut auf ihn zu sprechen waren. Als er Frank Beyers Film »Spur der Steine« sah, war er überrascht und unangenehm berührt von den groben Publikumsreaktionen. Es war ein organisiertes Missfallen, angeordnet von den Leitungen der Partei.

HANS-DIETER SCHÜTT: Dieses Missfallen sollte den Grund liefern für das Verbot.

GABRIELE GYSI: Das Kulturministerium hat diesen und andere Filme nicht verboten, die Order kam von anderen Gremien. Ein Trost für ihn war das nicht. Das duale System von Partei und Staatsapparat war ein kompliziertes. Auch die Verwaltung von Verboten war nicht leicht zu durchschauen.

HANS-DIETER SCHÜTT: War es für Sie als Künstlerin eine Belastung, Gysi zu heißen?

GABRIELE GYSI: Ich hätte ein Jahr nach Paris gehen können, als Au-pair-Mädchen. Unsere Großmutter Mummi und auch Bekannte lebten dort. Meine Mutter hatte diesen Frankreich-Aufenthalt diplomatisch und zäh vorbereitet, aber dann wurde mein Vater Kulturminister, und der Plan fiel ins Wasser. In dieser Situation war ich vielleicht nicht vermessen genug. Ich hätte doch sagen können: Väterchen, wirst du eben nicht Minister! *(Lacht.)* Wäre nicht schlimm gewesen, Kulturfunktionäre haben doch eh nicht viel zu sagen, geschweige denn zu entscheiden. Ich war aber nicht vermessen. Mit anderen Worten: Ich habe mich biografisch nicht auf diese Weise inszeniert.

HANS-DIETER SCHÜTT: Was heißt das?

GABRIELE GYSI: Eigentlich begriff ich mein Leben immer experimentell – was bedeutet: Lust auf Leben, Freude an Veränderungen. Mal sehen, was passiert. Versuchen, es zu verstehen – und dann handeln. Aber ich hatte eben auch die Einsicht, unter bestimmten Bedingungen bestimmte Forderungen nicht zu stellen, bestimmte Wünsche also unerfüllt zu lassen. Man ist schließlich kein Gott, man ist nicht in allen Belangen Schöpfer seiner selbst, sondern immer auch Produkt.

GREGOR GYSI: Wie unsere Eltern bei ihrer Rückkehr nach Hitlerdeutschland.

GABRIELE GYSI: Ja, sicher, der Faschismus, die Judenverfolgung entwickelten sich unabhängig von unseren Eltern. Wir sind nicht so frei, wie wir tun. Zu jeder Zeit ist man Teil von etwas, das sich der Selbstbestimmung entzieht. Möglichkeiten scheinen unendlich, jede Wirklichkeit ist eben nur eine dieser unendlichen Möglichkeiten. Aber jede Wirklichkeit ist mehr als die unendlichen Möglichkeiten.

HANS-DIETER SCHÜTT: Wie ging es der Schauspielstudentin, als Ihr Vater Kulturminister war?

GABRIELE GYSI: Er wurde Minister, und ich dachte: Das hat mir gerade noch gefehlt. Als ich später in die BRD ging, war ich diese Belastung los. Belastung … na ja, so schlimm war's nun auch wieder nicht – aber schön war's auch nicht. Im ersten Studienjahr an der Schauspielschule erschien ein Zeitungsartikel über »die Tochter unseres Kulturministers«. Weinend saß ich zu Hause. Ich wollte auf keinen Fall durch diesen Zusammenhang ins Zentrum geraten. Marketingtechnisch würde ich das heute ganz anders betrachten. Später an der Volksbühne sagte die Pressedramaturgin, dieser familiäre Hintergrund sei doch vielleicht ganz nützlich, wenn ich »das Salz in der Suppe« sein wolle, könne sie mir auch nicht helfen. Nichts gegen das Salz, nichts gegen die Suppe, aber auf diese Weise wollte ich in meinem Beruf nicht existieren! Man kann sagen, das sei arrogant gewesen. Wenn, dann handelte es sich um eine Arroganz, die wieder dieser Familie geschuldet war: dass man möglichst als selbstbestimmter Mensch agiert und nicht höfisch.

GREGOR GYSI: Später wurde auch mein Name für Gabriele eine Belastung.

GABRIELE GYSI: Das stimmt. Ich war gerade in der Bundesrepublik angekommen, eine Schauspielerin meiner Inszenierung »Stella« am Theater Moers war von »Theater heute« zur besten Nachwuchsdarstellerin gekürt worden, ich gab Interviews – und dann kam die deutsche Vereinigung. Und mit ihr der PDS-Vorsitzende Gysi. Das löste einen Rufmord gegen Gregor aus, und ich wurde arbeitslos. Eine politische Ächtung wurde rücksichtslos zur persönlichen Ächtung. Mit Gregors Entscheidung für den SED-PDS-Parteivorsitz brachen Wellen des Hasses los, dieser Hass schwappte auf alle über, die Gysi hießen. Dem Ganzen entkommen wäre ich nur, wenn ich mich gegen meinen Bruder gestellt hätte. Was natürlich undenkbar war. Außerdem fand ich es richtig, mutig und nötig, was Gregor damals tat.

GREGOR GYSI: Dass mein Vater Kulturminister wurde, war übrigens auch für mich nicht ganz leicht. Ich ging da gerade in die 12. Klasse und wurde dauernd gefragt, ob etwa mein Vater jetzt endlich dafür sorgen würde, dass wir wieder die Musik hören konnten, die wir hören wollten, und so tanzen durften, wie es uns gefiel. Es gab auch weit schärfere Fragen. Die Situation war mir unangenehm, aber ich zweifelte nicht an meinem Vater und hoffte und glaubte fest daran, dass es mit der Kultur anders komme, als von vielen befürchtet. Aber seine Möglichkeiten blieben beschränkt.

HANS-DIETER SCHÜTT: Gregor Gysi, litten Ihre Kinder unter Ihrem politischen Aufstieg?

GREGOR GYSI: Ohne dass ich die Bedrückung wegdrängen will – leiden ist vielleicht ein zu starkes Wort. Aber einer meiner Söhne wollte vorübergehend in einer Autowerkstatt in Westberlin arbeiten. Als die erfuhren, dass ich sein Vater bin, konnte er sofort wieder gehen. Meine Tochter kennt so eine Erfahrung nicht, sie wuchs zu der Zeit auf, da die Anfeindungen gegen mich sehr abgenommen und politische Gegnerschaft zivile Formen angenommen hatten.

HANS-DIETER SCHÜTT: Sie wurden in der DDR ja ausdauernd über Ihren Vater definiert. Oder?

GREGOR GYSI: Ja, immer bekam ich die Frage, ob ich der Sohn von Klaus Gysi sei. So um 1993 herum erzählte mir mein Vater mit großem Erstaunen, er sei erstmalig in seinem Leben gefragt worden, ob er mein Vater wäre. Im September 2011 besuchte Papst Benedikt XVI. den Bundestag. Bundestagspräsident Norbert Lammert stellte mich vor, der Papst stutzte: »Ich kenne doch Ihren Vater.« Da war es wieder! Kennengelernt hatten sich beide in Rom, als Joseph Ratzinger noch bei Kardinal Casaroli tätig war, dem Außenminister im Vatikan. Und später, da mein Vater als Staatssekretär für Kirchenfragen die BRD besuchte, traf er Ratzinger auch, er war inzwischen Kardinal.

III.
»SCHÖN, DASS ES IN OSTBERLIN EINEN CASANOVA GIBT«

G.G.: Es gab fundamentale Auseinandersetzungen.
G.G.: Aber dann hat er geholfen. Und Punkt!

Als ich als Botschafter nach Italien ging, erwartete ich einen Schonposten. Aber es wurde für mich ein großes Abenteuer. Es war für mich eine außerordentlich wertvolle Zeit. Ich habe ein anderes Volk und damit eine andere Welt entdeckt. Kurz und gut, ich habe wieder mal gesehen: anders ist nicht falsch.

KLAUS GYSI

»Das ganz andere Leben« Irene und Klaus Gysi am Hochzeitstag, 1945

HANS-DIETER SCHÜTT: Gregor Gysi, in Ihrer Autobiografie schreiben Sie: »Wenn ich über meine Eltern nachdenke, dann auch über ihre Scheidung. Was führt Menschen zueinander, was hält sie beieinander, was bringt sie auseinander?«

GREGOR GYSI: Ich glaube, da müssen wir zurückblicken bis in die frühen Fünfzigerjahre. Zu dieser Zeit hatte meine Mutter plötzlich eine leitende Funktion, sie wurde Verlegerin von Rütten & Loening, mein Vater jedoch war ohne Beschäftigung – und das in einer Phase des DDR-Aufbaus, da eigentlich jede und jeder gebraucht wurde. Er hatte Probleme in der Partei bekommen, wegen angeblich ungeklärter Fragen seiner Westemigration. Das traf ja einige.

HANS-DIETER SCHÜTT: Die Zentrale Parteikontrollkommission beschließt 1951, dem Genossen Klaus Gysi werde »Funktionsbeschränkung auferlegt«.

GREGOR GYSI: Ich denke, dass er sich zurückgesetzt fühlte. Er trug sein Los natürlich würdevoll, aber wahrscheinlich gab es damals schon allererste, zunächst kaum wahrnehmbare Risse in der Beziehung zu unserer Mutter, und vielleicht waren so die Grundlagen für die spätere Trennung gelegt.

HANS-DIETER SCHÜTT: Es ist vielleicht immer ein Problem, wenn Stärke auf Stärke trifft.

GREGOR GYSI: Weiß ich nicht. Vater blieb ein halbes Jahr ohne Arbeit. Freunde besorgten ihm dann eine Anstellung im Verlag Volk und Wissen, dem Schulbuchverlag der DDR. Ich nehme an, die pädagogisch-methodische Ausrichtung des Hauses hat seinen Neigungen nicht so sehr entsprochen.

GABRIELE GYSI: Aber er hat es geschafft, dass in diesem Verlag ein mehrbändiges Werk zur deutschen Literaturgeschichte herauskam. Er war ein Mensch, der genügend Energie und Ideen besaß, sich unter jeweils gegebenen Umständen für sich selbst Erfolgserlebnisse zu verschaffen.

GREGOR GYSI: Ganz egal, was er machte, er nahm was mit für sich. Zum Beispiel musste er im Lager in Frankreich Dachziegel anbringen und lernte eine besondere Art, die Nägel einzuschlagen. Ich habe warnend gesagt: »Erzähl bloß nicht Erich Honecker, dass du womöglich besser Dächer decken kannst als er.« (*Lacht.*) Honecker hatte eine Lehre als Dachdecker absolviert.

HANS-DIETER SCHÜTT: Frühe Risse, ein intensives gemeinsames Leben – 1958 dann die Scheidung.

GREGOR GYSI: Meine Mutter hat mir in einem langen Gespräch, so um 1987/88 herum, gesagt: Sie habe wohl nach dem Krieg einen Fehler begangen. Vielleicht hätte sie ihren Vater bitten sollen, einen Verlag zu kaufen oder zu gründen, in Westberlin – mit unserem Vater als Geschäftsführer und ihr als Inhaberin. Man hätte ja auch im Westen links sein können. Es wäre, sagte sie, ein anderes Leben geworden, sie wären dann wohl nie geschieden worden. Sie litt unter der Scheidung. Immer. So streifte uns Kinder eine spezielle Überforderung. Wir konnten ihn ihr ja nicht zurückbringen.

GABRIELE GYSI: Letztlich ist es ihnen nicht gelungen, ihre Beziehung unter den herrschenden Bedingungen aufrechtzuerhalten. Bedingungen, zu denen auch seine, na ja, sagen wir: grundsätzliche Liebe zu Frauen gehörte.

HANS-DIETER SCHÜTT: Er hatte sieben Kinder von drei Frauen.

GREGOR GYSI: Die Kriegsjahre … Die verlorene Jugend in der Nazizeit … Da kam wohl so ein Nachholbedürfnis … Aber trotz der Scheidung blieb etwas Verbindendes zwischen unseren Eltern. Es gab eine große Hochachtung voreinander.

GABRIELE GYSI: Ja, es war keine radikale Trennung. Etwa, dass man sich nie wieder sah. Nein, wenn man dieses Paar auf einem Foto sieht, die beiden Alten, hier im Garten, da kannst du sehen: Sie haben sich nie verlassen. Man verhielt sich in allem großzügig. Was Gregor sagt, bedeutet ja nicht, dass unsere Mutter ihr Leben mit Klaus bereute oder nicht mehr wollte oder nicht mehr glaubte, was ihr vor der Scheidung wichtig war.

GREGOR GYSI: Der Gedanke an nicht gelebte Alternativen – es ist gewissermaßen das Spiel, das man naturgemäß am Ende des Lebens betreibt. Man geht noch einmal die Möglichkeiten durch, die auf der Strecke blieben. Man träumt den Dingen nach, auch den ungeschehenen Dingen, und man misst diese Träume an der Last jener Erfahrungen, die man machen musste.

GABRIELE GYSI: Mein Vater kam am Wochenende, legte sich hier im Haus auf die Couch und schlief. Ich ging zu meiner Mutter und sagte, wenn er hier bloß penne, könne sie ihn auch wieder wegschicken. Nein, sagte sie, das werde sie nicht tun, sie habe von Klaus leben gelernt, und das werde sie ihm immer danken. Da schweigt man dann. Als ich zu meinem Vater mal eine Bemerkung gegen meine Mutter machte, sagte er: »Du musst mal die Lebensleistung dieser Frau respektieren.« Da schweigt man wieder.

GREGOR GYSI: Als sich unsere Eltern scheiden ließen, war Gabriele zwölf, ich zehn. Bis dahin hatte es immer gemeinsame Urlaube gegeben, zum Beispiel auf Hiddensee, das änderte sich fortan. Und bevor es zu dieser Scheidung kam, lag ich ein halbes Jahr im Krankenhaus in Berlin. Unsere Eltern verschoben ihre Trennung, um mich nicht noch zusätzlich zu belasten. Als ich Hape Kerkelings Film über seine Kindheit gesehen habe, stellte ich eine Ähnlichkeit fest: Er hatte sich in seiner Kindheit fortwährend verpflichtet gefühlt, seine depressive Mutter und seinen Vater zu unterhalten. So ging es mir auch: Ich fand die Besuchszeit im Krankenhaus keineswegs nur angenehm, weil ich immer dachte, die Eltern oder Gabriele langweilten sich, also muss ich sie irgendwie bei Laune halten.

HANS-DIETER SCHÜTT: Sicher wäre Ihre Kindheit ohne die Scheidung der Eltern besser verlaufen.

GABRIELE GYSI: Ja. Aber als Kind entwickelt man seinen ganz eigenen Pragmatismus. Wir wussten, dass unser Vater, wenn wir mit ihm zusammen waren, sich immer wieder etwas ausdenken musste. Darauf haben wir uns gefreut: Friedrichstadt-Palast, Zirkus, Kino, Restaurants. Wäre mein Vater bei uns geblieben, hätte er mit uns wahrscheinlich weit weniger unternommen. So gesehen, hat die Scheidung das Leben von uns Kindern bereichert.

GREGOR GYSI: Zu den positiven Folgen der Scheidung gehörten übrigens auch Theaterkarten. Karten für alle Berliner Premieren, aber auch für Gastspiele, von Gilbert Becaud, Satchmo und anderen Größen der Kunst. Unsere Mutter bekam regelmäßig zwei Karten, und da sie zur Begleitung keinen Mann mehr hatte, wurde von Aufführung zu Aufführung zwischen meiner Schwester und mir entschieden. Gabriele erwähnte die Restaurants. Es gab in Berlin drei Gaststätten, in die er öfter mit uns gegangen ist. Ins Ganymed, ins Hotel Newa, Ecke Invalidenstraße, und in den Johannishof, hinter dem Friedrichstadt-Palast.

GABRIELE GYSI: Das Ganymed neben dem Berliner Ensemble, das war ein ganz besonderes Restaurant, mit französischen Speisen.

GREGOR GYSI: Zum Beispiel auch mal Froschschenkel und Weinbergschnecken. Ein viertes Restaurant war das im Zentralflughafen Schönefeld, dort gab es, was ich sonst nirgendwo auf der Speisekarte fand: Beefsteak Tartar. Und alle zwei Stunden startete oder landete eine Maschine; wir rannten jedes Mal ans Fenster, um uns das anzuschauen. Alle zwei Stunden! Wirklich sehr rasant.

HANS-DIETER SCHÜTT: Anfang der Achtzigerjahre gehörten Sie, Frau Gysi, zur ersten Truppe von Regisseur Frank Castorf, die in Anklam Unruhe stiftete. Die alternative Szene pilgerte damals zu den Aufführungen, absichtsvoll abseits von Berlin. Unter denen, die zu den Premieren kamen, war auch Ihr Vater. Ein kulturpolitisches Bekenntnis?

GABRIELE GYSI: Er war gern mit uns zusammen, und natürlich hatte seine Präsenz, ganz objektiv, eine beschützende, bestätigende Wirkung für diese Art Theater. Aber dahinter steckte nicht unbedingt und vordergründig eine kulturpolitische Aufmüpfigkeit, sondern Interesse an Realitäten – in diesem Fall hatten wir eben gemeinsame Interessen. Frank Castorf, heute ein Regisseur des Welttheaters, war damals ein junger, unerfahrener Dramaturg, der in der Provinz seine ersten Schritte als Regisseur unternahm. Er war am Brandenburger Theater rausgeflogen. Frank und ich waren damals zusammen. Ich spielte in seinen Inszenierungen. Mein Vater kam vor allem wegen uns beiden zu den Premieren in Anklam. Es war interessant und lustig.

HANS-DIETER SCHÜTT: Ihre Freundin Emine Sevgi Özdamar, Schriftstellerin und Schauspielerin, arbeitete 1976 an Benno Bessons Volksbühne. Sie hat ein Tagebuch über diese Zeit geschrieben.

GABRIELE GYSI: Hat es nicht einen wunderschönen Titel? »Seltsame Sterne starren zur Erde«.

HANS-DIETER SCHÜTT: In diesem Buch kommt auch Ihr Vater vor.

GABRIELE GYSI: Er war Botschafter in Rom. Wenn er besuchsweise nach Berlin kam, wohnte er bei mir. Einmal brachte er mir aus Italien eine Schildkröte mit. Er hatte das Tier einer Bauersfrau am Weg abgekauft und nach Berlin geschmuggelt. In ihrem Buch nennt Emine unsere Wohnung ein »Obdachlosenheim«. Die Art, wie mein Vater seinen Koffer die zwei Treppen im Haus hinaufschleppte, habe sie an den Murnau-Film »Nosferatu« erinnert, in dem die Titelfigur ihren eigenen Sarg wie einen Koffer zu den Ruinen trägt. Sie beschreibt ihn liebevoll: »Er hatte warme Hände und schöne Haut, ein kleiner Mann. Aus den Koffern holte er frische Feigen hervor, Oliven, Parmesankäse und Trüffel, eine Flasche Wein und einen Schnaps namens Centerba.« Ein Siebzigprozentiger, der stammte aus den Abruzzen. Die deutschen Faschisten hatten die Partisanen in den Abruzzen nie besiegt, und unser Vater meinte, er habe das erst so richtig begriffen, nachdem er diesen Schnaps getrunken hatte.

GREGOR GYSI: Er liebte Italien. Diese Lebendigkeit, diese Mischung aus Leichtigkeit und Melancholie, diese Fähigkeit, den Tag zu feiern, diese Grandezza, dieses fröhliche Durcheinander.

GABRIELE GYSI: Emine zitiert ihn in ihrem Tagebuch: »Das Chaos, das die Italiener einfach so zustande bringen, schaffen wir Deutsche mit ganz großer Organisation und Ordnungsliebe.« Emine bekam von ihm einen Kugelschreiber, auf dem sich ein junger Mann auszog, wenn man auf den Knopf drückte. Sie sagte über unseren Vater: »Er ist ein Casanova. Schön, dass es in Ostberlin einen Casanova gibt.«

HANS-DIETER SCHÜTT: Gabriele Gysi, wenn er aus Italien zu Besuch kam – hat er da immer bei Ihnen gewohnt?

GABRIELE GYSI: Ja, hat er.

GREGOR GYSI: Nicht bei mir. Er wollte uns nicht stören, meine Frau, die beiden Kinder. Ich hatte ja selber

»Wir stritten – und verstanden uns.« Tochter und Vater, 1980 in Venedig – Gabriele Gysi war mit der Volksbühne bei einem Gastspiel in Italien.

nach meiner Scheidung, mit meinem Sohn George, ein Jahr lang bei meiner Schwester gewohnt.

HANS-DIETER SCHÜTT: Gabriele Gysi, es ist ein ungewöhnlicher Vorgang: Die Tochter eines überzeugten Sozialisten geht eines Tages in den Westen, im Jahr 1984.

GABRIELE GYSI: Ich stellte den Staat anders infrage als mein Vater.

HANS-DIETER SCHÜTT: Hat er ihn denn überhaupt infrage gestellt?

GABRIELE GYSI: Er sagte, ich und viele andere würden den Staat immer nur an unseren eigenen Utopien messen, in diesem Vergleich müsse der Staat immer versagen. Jeder Staat! Na und, sagte ich, und ich sage es immer noch: Dann versagt so ein Staat eben. Man heiratet doch keinen Staat. Man wendet sich gegen Missstände, gut. Das wird doch erst ein Problem, wenn man den Staat über alles stellt, sogar über das eigene Leben.

HANS-DIETER SCHÜTT: Die Sache bleibt ungewöhnlich: Die Tochter eines einflussreichen Genossen geht in »Feindesland«.

GABRIELE GYSI: Feindesland kenne ich nicht. Feinde der DDR gab es genug, aber kein Feindesland. Die DDR und ich hatten einander einfach ausgereizt. Es war ein langer Weg. Sicherlich hätte ich noch ein wenig mehr dissidentisch auftreten können, mich sogar kriminalisieren lassen können, ein paar westliche Schlagzeilen und einen Bericht in »Kennzeichen D« (*lacht*) – wären möglich gewesen. Aber was sollte das! Die Attitüde lag mir nicht. Es gab ja zwei Altersklassen, um speziell an diesem Staat zu verzweifeln – das war die Pubertät, in der man sowieso aufbrechen will und muss, also wegwollte, und die Midlife-Crisis, da man aus ganz natürlichen Gründen meinte, alles stehe fortan still, und man müsse ausbrechen. Ich hatte den Staat provoziert, der Staat hatte mich provoziert – Punkt. Dieser Staat und ich – wir gingen uns irgendwann mächtig auf die Nerven. Irgendwann konnte ich nichts anderes mehr tun und ging raus aus dieser DDR. Auch die Generation meiner Eltern konnte in beträchtlichem Maße auch nichts anderes tun.

HANS-DIETER SCHÜTT: Am Ende haben sie gewusst, sie sind gescheitert.

GABRIELE GYSI: Für mich eine unzulässige Frage! Da sind wir wieder bei dieser Selbstillusion, überheblichen Allmachtsvorstellung, beim Urteilen im Nachhinein: Wie konnten die nur? Du bist in diese Welt hineingeworfen, du kannst dir die Zeit nicht aussuchen, nicht die Sprache, nicht die Veranlagung, nicht den Körper, nicht die Eltern …

GREGOR GYSI: Ganz schönes Paket an Fremdbestimmung (*lacht*).

GABRIELE GYSI: Ja, und mit Verweis auf Individualität verlangen sich Menschen Dinge ab, die sie gar nicht leisten können. Individualität als missglückte Allmächtigkeit ist ein Verhängnis, so entstehen Widersprüche, Komödien und Tragödien.

HANS-DIETER SCHÜTT: Nachträgliche Klugheit ist ein Segen – aber zugleich ein Fluch. Man vergisst oft, dass alle Philosophien hinterher entstehen.

GABRIELE GYSI: Als ich in den Westen ging, habe ich meinen Vater gefragt: »Vati, warum musstet ihr denn die DDR gründen, wenn es so schwierig war?« Mit der Währungsreform hatten die Westmächte Deutschland eigentlich schon geteilt. Er antwortete mit einer Gegenfrage: »Und was hätten wir deiner Meinung nach tun sollen?« Da habe ich überlegt und gesagt, die DDR gründen. Was sollten sie tun? – und musste lachen.

GREGOR GYSI: Wenn ein System scheitert, darf nicht automatisch geschlussfolgert werden, auch jedes Leben sei gescheitert, das in diesem System stattfand.

HANS-DIETER SCHÜTT: Ihr Vater verstand Sie letztlich?

GABRIELE GYSI: Bei der Ausreise? Sicher! Das praktische Leben ist nicht identisch mit Ideologie. Man verschmilzt doch nicht mechanisch mit dem Staat, mit der Gesellschaft. Ich hatte zum Beispiel mehr Freunde in Westberlin als in Ostberlin – und wenn die sich über den Zustand der Straßen in der DDR beschwerten, konnte ich darauf verweisen, dass ich doch keine Mitarbeiterin des Straßenbaus sei. Ich warf ihnen doch auch nicht vor, sie seien für Kohl persönlich zuständig. Und ich war nicht Honecker, der allerdings ebenfalls nicht im Straßenbau tätig war. Auch heute werden absurde Zuständigkeiten konstruiert. Man kann nicht verantwortlich sein für alles, was einen umgibt, solche Anmaßungen führen in den Wahnsinn – natürlich ist man verantwortlich dafür, wie man die Ursachen von Zuständen bewertet und mit den Wirkungen umgeht, aber ich wiederhole mich: Man ist Teil einer Situation.

HANS-DIETER SCHÜTT: Gabriele Gysi, Ihr Entschluss, die DDR zu verlassen, kam nicht aus unmittelbar familiärem Erleben. Sie reagierten mit Ihrem Weggang also auch nicht auf politische, nicht mehr aushaltbare Gegensätze daheim. Das sei erwähnt, weil es in der DDR Kinder von einflussreichen SED-Mitgliedern gab, die mit ihrem Weg in die Opposition, gar mit Ausreise, auch auf das familiäre Umfeld reagierten. Es fiel schon der Name Brasch.

GABRIELE GYSI: Erstens waren meine Eltern sowieso sehr tolerant, und zweitens gab es in unserer Familie außer Zusammengehörigkeit überhaupt keine andere Idee vom Umgang miteinander. Meine Eltern wollten, dass wir Kinder glückliche Menschen werden, sind und möglichst bleiben. Dafür haben sie getan, was sie im Rahmen ihres eigenen Lebens konnten. Mehr ist dazu nicht zu sagen. Also haben sie mir direkt wie indirekt geholfen, jenen Ort zu verlassen, an dem ich nicht mehr glücklich war. Und Punkt! Unversöhnlichen Streit über diesen Schritt schloss das aus – die Streitlust musste sich andere Themen suchen.

HANS-DIETER SCHÜTT: Dass sich Ihr Vater aus Pflicht zur Parteiräson von Ihnen distanziert hätte, war unvorstellbar?

GABRIELE GYSI: Absolut! Ich konnte seine Entscheidungen, auch in Bezug auf die DDR und die Partei, aus seiner Biografie heraus sehr gut verstehen, ich bin da nie abfällig oder desinteressiert oder überheblich geworden, aber für mich galten seine Entscheidungen nicht automatisch als Maßstab. Das musste und wollte er letztendlich verstehen und akzeptieren. So ist das – auch Väter sind nicht allmächtig.

HANS-DIETER SCHÜTT: Es ist interessant, dass sich die Selbstständigkeit, zu der Eltern ihre Kinder erziehen, eines Tages schmerzlich gegen sie selber richten kann.

GREGOR GYSI: Gabriele hatte immer schon eine sehr entschiedene Art, auch als Kind. Uns gegenüber wohnte mein Freund, seine Schwester hatte Erstkommunion, sie lief mit weißem Kleid, Blumenkranz und einer wunderschönen Kerze durch die Straße. Gabriele sah das, kam nach Hause und wollte auch zur Erstkommunion gehen. Unser Vater machte sich über diesen Wunsch lustig – worauf sie ihn fragte, ob er denn je Kommunion gehabt oder sie wenigstens erlebt habe. Als er das verneinte, sagte sie in spitzem Ton: »Dann verstehst du davon auch nichts, sei also still«, drehte sich um und ging. Ein Erstkommunionsfest bekam meine Schwester zwar nicht, aber von meiner Mutter ein weißes Spitzenkleid.

GABRIELE GYSI: Immerhin.

GREGOR GYSI: Und für seinen weltanschaulichen Hochmut hatte unser Vater jedenfalls einen kleinen Dämpfer bekommen. Er hat uns mal scharf kritisiert, weil wir diese olivgrünen Parkas trugen. NATO-Planen hießen die offiziell, es war verächtlich gemeint. Er fragte: »Wollt ihr nicht gleich als Soldaten in den Vietnamkrieg, aufseiten der Yankees?« Am nächsten Tag hat er angerufen und um Entschuldigung gebeten.

GABRIELE GYSI: Also, dass ich 1984 wegging, war keine Aktion gegen ihn, sondern es war – wenn man so will – konsequente Frucht seiner Erziehung. Ja, so verrückt ist das manchmal mit den Wirkungen elterlicher Erziehung.

GREGOR GYSI: Es gab wirklich fundamentalen Krach zwischen unserem Vater und Gabriele. Er wohnte in der Leipziger Straße, im Hochhaus, und ich versuchte, gegen die lautstarke Tonlage dieses Konflikts zu vermitteln. Aber als er begriffen hatte, du bist fertig mit der DDR, da hat er die Situation akzeptiert und ist praktischer Helfer geworden. Das war zum Beispiel bei den Braschs ganz anders.

HANS-DIETER SCHÜTT: Sie gingen zwar in den Westen, Gabriele Gysi, aber gleichsam nicht aus seinem Lebenslauf?

GABRIELE GYSI: Überhaupt nicht. Wir haben uns voneinander verabschiedet. Ich ging weg, er blieb da. Es ging nicht um die Frage, wer mit seiner Position recht hat.

GREGOR GYSI: Dazu kam ja vorher noch der Ausschluss von Gabriele aus der SED. Wer hat eigentlich die Beschwerde dagegen geschrieben?

GABRIELE GYSI: Mein Bruder.

GREGOR GYSI: Danke schön. (*Lacht.*)

GABRIELE GYSI: Bitte sehr.

GREGOR GYSI: Erfolg hatte die Beschwerde natürlich nicht.

GABRIELE GYSI: Den Rechtsweg sind wir dann geradezu spielerisch gegangen. Am Ende war mir das alles wurscht. In die Partei eingetreten war ich, weil ich die Mitgliedschaft als eine Art Arbeitsaufgabe sah, der lange Weg durch die Institutionen. Das war für viele in Ost und West die Antwort auf den Faschismus. Und dann wird man rausgeschmissen. Gut, dann biste eben draußen, haste fortan eine Versammlung weniger – die waren sowieso langweilig.

GREGOR GYSI: Ich kenne ja meine Schwester, ich glaube, als sie weg war, waren am Theater einige traurig. Denn jetzt wurden die Versammlungen noch langweiliger. Nachdem Gabriele ausgereist war, hatte sie weiter regelmäßig Kontakt zu uns. Was ja überhaupt das Besondere dieser Generation meiner Eltern war: Ihr blieb großzügig erlaubt, was Nachfolgenden in der DDR verwehrt war.

HANS-DIETER SCHÜTT: Westkontakte in bestimmten Funktionen.

GREGOR GYSI: Ja. Mein Vater war Kulturminister, und wie gesagt: Seine Mutter lebte in Paris. Meine Mutter war Abteilungsleiterin im Kulturministerium, und ihre Mutter lebte in Westberlin. Unser Onkel Gottfried Lessing, in erster Ehe verheiratet mit der Schriftstellerin Doris Lessing, war Botschafter in Uganda – sein Sohn Peter lebte in Großbritannien. Ich weiß noch, auf der Beisetzung unseres Onkels in Berlin ...

HANS-DIETER SCHÜTT: Er ist während eines Umsturzes in Uganda erschossen worden.

GREGOR GYSI: Ja, nie wurde herausgefunden, von wem und warum. Das Botschaftsgelände musste geräumt werden, er nahm mit seinem Stellvertreter und beiden Ehefrauen einen nicht abgestimmten und abgesicherten Weg. Jedenfalls, bei der Trauerfeier in Berlin sprach Außenminister Oskar Fischer. Er redete über die Biografie unseres Onkels, und man spürte, wie befremdet er über die Exotik dieses Lebenslaufes war: Aufenthalt in Südafrika, Heirat mit einer jungen Frau im damaligen Rhodesien ...

HANS-DIETER SCHÜTT: Der späteren Nobelpreisträgerin für Literatur, Doris Lessing.

GREGOR GYSI: Ja, die dann in England lebte, der gemeinsame Sohn lebte ebenfalls in London – das war ja ausgesprochen DDR-untypisch. Im Lebenslauf des ebenfalls ermordeten Stellvertreters von Gottfried Lessing fühlte sich der Redner deutlich wohler: Pionier, FDJler, Parteischüler, Arbeit im Außenministerium der DDR, aber …

GABRIELE GYSI: … zum Botschafter wurde der Bruder meiner Mutter Gottfried Lessing berufen, nicht der jüngere Mann mit der DDR-Biografie.

IV.
SO VIELE MITTELPUNKTE DER WELT, WIE ES MENSCHEN GIBT

G.G.: Natürlich haben sie ihn auch benutzt.
G.G.: Na ja, was heißt benutzt?

Man muss akzeptieren, dass es neben der wissenschaftlichen und ästhetischen Aneignung auch eine religiöse Aneignung der Welt gibt, die ihre spezifischen Möglichkeiten hat.

Engels beantwortete die Frage nach der Religion im Kommunismus nur mit einem einzigen Wort: »bleibt«.

KLAUS GYSI

»Wer kann Gewissen erklären?« Klaus Gysi, 1996

HANS-DIETER SCHÜTT: Ich möchte noch mal auf die Verleger-Zeit Ihres Vaters zurückkommen. Ein Zitat aus Ihren Erinnerungen, Herr Gysi: »Manchmal hält das Leben Fügungen bereit, bei denen sich die Tragik des einen Menschen mit dem Glück eines anderen sehr unsentimental verbindet.«

GREGOR GYSI: Damit waren die Ereignisse des Jahres 1956 gemeint. Walter Janka, der Chef des Aufbau-Verlages, wurde verhaftet. Die Partei bezichtigte ihn im Zusammenhang mit dem Aufstand in Ungarn und aktiver Solidarität mit dem Literaturwissenschaftler Georg Lukács konterrevolutionärer Umtriebe. Walter Janka musste schließlich für fünf Jahre ins Gefängnis, und mein Vater übernahm den Verlag, er sollte den Schaden begrenzen. Der Fall ist ein Beispiel für die Härte und die Unerbittlichkeit, mit der diese Generation zu leben hatte. Alles bedeutete Kampf. Man hielt stand oder ging weg, man hielt zusammen oder hielt es nicht mehr aus.

HANS-DIETER SCHÜTT: Man war gewissermaßen eine Schicksalsgemeinschaft, wurde aber unweigerlich in Un-

recht verstrickt. Es war ein forderndes – und für viele Menschen unerträgliches Jahrhundert.

GREGOR GYSI: Die sich zum Beispiel gegen den Stalinismus auflehnten, sie mussten sich auch gegen Antifaschisten auflehnen. Das hemmte oftmals die Schärfe der Kritik in den eigenen Reihen.

HANS-DIETER SCHÜTT: Man wird im Alter klarer mit allem Urteil über geschichtliche Prozesse?

GABRIELE GYSI: Zugleich auch vorsichtiger im Urteil über Menschen – obwohl ja beides unmittelbar miteinander zusammenhängt.

HANS-DIETER SCHÜTT: Vielleicht, weil man selber im Lauf der Zeit immer dankbarer wird für die Fügung, das Furchtbare dieses Jahrhunderts nicht unmittelbar erlebt zu haben. Ein Zufall, ein großes Glück.

GREGOR GYSI: Unsere Eltern sagten, als ihr Leben in der DDR begann, hätten sie das Schlimmste schon hinter sich gehabt.

HANS-DIETER SCHÜTT: Volker Braun hat über dieses 20. Jahrhundert geschrieben: »Kamen seine Verwirklichungen nicht Verwüstungen gleich, hat es nicht die Ideen verbraucht wie die Leiber oder, schlimmer gesagt, die Ideen realisiert, indem es die Leiber verbrauchte? (...) Wo es, in diesem Jahrhundert, um den Menschen ging, war an die Gesellschaft kaum gerührt, und wo man die Ge-

sellschaft verändern wollte, wurde nach dem Menschen nicht lange gefragt.« Dahinter steckt ja auch die Frage, ob es heute noch Sinn hat, sich für Ideale einzusetzen. Ob das, was man tut, noch spürbare Konsequenzen hat.

GABRIELE GYSI: Alles, was wir tun, hat Konsequenzen.

GREGOR GYSI: In der Regel spürbare?

HANS-DIETER SCHÜTT: Gewiss, wir hier leben sehr abgefedert. Aber vielleicht macht dieses Eingebettete müde, bevor man sich überhaupt erst verausgabt. Um auf Ihren Vater zurückzukommen: Er hat Parteiaufträge erfüllt, er ist natürlich auch als Agitator und Propagandist aufgetreten, der Aufbau hatte etwas Forciertes, etwas energisch Idealistisches, etwas Unausweichliches, Sie sagen selbst: Man lebte an Fronten …

GREGOR GYSI: Wir haben vorhin über Bedingungen geredet. Man kann so oder so mit ihnen umgehen. Man kann sagen: Ich will nichts mit Politik zu tun haben und deshalb jeder Mitwirkung an politischen Prozessen aus dem Weg gehen. Das kann sehr ehrenvoll sein. Aber deshalb ist die Art, sich politisch aktiv einzumischen, nicht automatisch ehrlos. Bruno Haid, der Freund meines Vaters aus der französischen Emigration, war in den Fünfzigerjahren stellvertretender Generalstaatsanwalt der DDR und hatte verlangt, mit Leuten wie Walter Janka eine politische, aber keine strafrechtliche Auseinandersetzung zu führen. Deshalb wurde er entlassen und als Justitiar in einer Fabrik eingesetzt. Als unser Vater Minister wurde, hat er Bruno Haid zu einem seiner Stellvertreter berufen, zuständig für Verlage. Davon musste er die Parteiführung überzeugen. Das gehört unbedingt auch zur Wahrheit über unseren Vater.

HANS-DIETER SCHÜTT: 1956 wurde auch Ihre Mutter – im Zusammenhang mit ihrer Westemigration – als Verlegerin abgesetzt.

GABRIELE GYSI: Der Verlag Rütten & Loening, den meine Mutter geleitet hatte, wurde dem Aufbau Verlag zugeordnet, den mein Vater dann übernahm. Meine Mutter arbeitete später unter anderem im Kulturministerium, sie leitete den Sektor, der für Kontakte zum nicht-sozialistischen Ausland zuständig war.

HANS-DIETER SCHÜTT: Wenn man alle Erfahrungen bedenkt – sind Ihre Eltern befreit in ihren Lebensabend gegangen?

GREGOR GYSI: Sie waren nicht so enttäuscht, wie ich am Ende befürchtet hatte. 1988 wurde unser Vater ins Politbüro bestellt. Das für ihn überhaupt nicht zuständige Mitglied des Politbüros und ZK-Sekretär Günter Mittag sagte, die Aufgabe eines Staatssekretärs für Kirchenfragen bestehe darin, die Interessen der SED gegenüber den Kirchen zu vertreten; die Parteiführung habe allerdings den Eindruck, dass Klaus Gysi die Interessen der Kirchen gegenüber der SED vertrete. Niemand in der Runde widersprach. Das war die Ankündigung der

Entlassung. Honecker, so erzählte unser Vater, habe bei Mittags Worten nach unten geblickt.

HANS-DIETER SCHÜTT: Hatten Sie das Bedürfnis, Ihren Vater zu trösten?

GREGOR GYSI: Als er seinen Posten verloren hatte? In gewisser Hinsicht schon. Aber er wehrte ab: Es sei ganz gut, wenn er jetzt gehe. Spätestens in zwei Jahren müssten auch alle anderen ihre Sachen packen – dann sei er zum Glück nicht mehr dabei. Ich tat das als Selbstschutz ab, er wollte seine Verletzung nicht zugeben. Aber er hatte recht. Ein US-amerikanischer Journalist erzählte mir später, das Gleiche habe ihm mein Vater bei einem Parkspaziergang erzählt, ebenfalls im Jahre 1988. Er sagte, die DDR-Führung löse sich von der Sowjetunion des Michail Gorbatschow und besiegele damit ihren Untergang. Die Sowjetunion würde allerdings auch untergehen, weil Gorbatschow viel für die Politik, aber nichts für die Wirtschaft einfiele.

GABRIELE GYSI: Nach seiner Entlassung als Staatssekretär verfiel unser Vater nicht in Depressionen oder Gleichgültigkeit. Es klingt banal: Er entdeckte zum Beispiel die U-Bahn für sich! Ja, er fuhr U-Bahn, studierte die Fahrpläne und freute sich am komplizierten Netz der Linien. Der ältere Herr freute sich an allem, was einem unterwegs im Alltag begegnen und passieren kann. Gregor lacht jetzt, er hat ja die gleiche Fähigkeit.

GREGOR GYSI: Menschen dieser Generation haben wahrscheinlich gedacht: Solange eine Situation nicht lebensgefährlich ist, du nicht geschlagen wirst, du keinen Hunger hast, nicht erfrierst, solange lässt sich das Leben genießen. Mein Vater genoss Geselligkeit. Ich habe oft keine Angst, weil mir die Fantasie für böse Vorstellungen fehlt.

GABRIELE GYSI: Sogar nach seinem Schlaganfall konnte man beobachten, wie unser Vater, etwa bei Geburtstagsfeiern, selber nur noch unter großen Mühen bewegungsfähig, zu Leuten hinging, die allein, unbeachtet am Rande standen. Und: Man konnte sich mit ihm verschwören. Daran hatte er eine große Freude, und darin war er verlässlich. Ich weiß noch, einmal kam der Weihnachtsmann zu uns ins Haus, ich war klein und hatte Angst. Mein Vater nahm mich an die Hand, er ging mit mir zum Schreibtisch, holte heimlich eine Stecknadel, wir gingen zurück, er verwickelte den Weihnachtsmann ins Gespräch (»Du kommst gewiss von sehr weit her …«), und dann, die Stecknadel! Piek! Der Weihnachtsmann kreischte: »Oh, Klaus!« Ich musste lachen, alle mussten lachen, und seitdem kann mich kein Weihnachtsmann der Welt, in welcher Uniform oder Verkleidung auch immer, erschrecken. Er war ein Held des Schabernacks.

GREGOR GYSI: Sein Sinn für Schabernack reichte wirklich weit. Eines Tages – wir waren noch Kinder – hat er auf dem Rummel eine Ziege gewonnen. Oder gekauft.

GABRIELE GYSI: Nein, ein Bauernhof wurde aufgelöst. Unser Vater, als Mann der beherzten Tat, erstand Hühner und diese Ziege, um dem allgemeinen Mangel an Lebensmitteln etwas entgegenzusetzen. Es war das Jahr 1949.

GREGOR GYSI: Aber gemolken hat er die Ziege nie.

GABRIELE GYSI: Das war dann wieder eine Aufgabe für Schätzi. Die Ziege lebte in einem Stall am Haus, aber sie wurde bald abgeschafft, weil sie versuchte, Gregor auf die Hörner zu nehmen.

GREGOR GYSI: Was, wirklich?

GABRIELE GYSI: So wurde das erzählt. Es gibt ein Foto, da stehst du vor der Ziege. Und die Hühner hatten wir im Keller, es war ein kleines Loch ins Haus geschlagen worden, und das war ihr Stall.

GREGOR GYSI: Geschlachtet hat sie eine Nachbarin, das konnte bei uns niemand, auch Schätzi nicht.

GABRIELE GYSI: Die Lebensfreude unseres Vaters schien unendlich. Lebensfreude kann unter bitteren Menschen auch Neid auf Lebendigkeit hervorrufen. Er war übrigens so gut wie nie beleidigt. Das halte ich für sehr besonders.

GREGOR GYSI: Immer wieder diese Energie: Er fand in ernsthaftesten Momenten die Möglichkeit, Komisches zu entdecken.

GABRIELE GYSI: Er konnte sehr solidarisch und verschwörerisch sein. Es war noch in Berlin-Schlachtensee, das Haus der Eltern meiner Mutter war durch die amerikanische Besatzung für deren Offiziere beschlagnahmt. Die Familie wurde in der Nähe, in der Libellenstraße 4, im Haus eines getürmten Generals untergebracht, es war ja noch kurz nach dem Krieg. Der Gärtner pflegte und hütete den Garten streng für seine nicht mehr vorhandene Herrschaft. Vor allem wachte er über die Erdbeeren. Mein Vater sagte mir: So, jetzt gehst du in den Garten und isst so viele Erdbeeren, wie du kannst. Wenn der Gärtner kommt, wird er sich beschweren, und ich werde schimpfen. Ich aß, der Gärtner erwischte mich, mein Vater schimpfte. So wurde ich mit verbotenen Früchten aufs Leben vorbereitet: Erziehung funktioniert mit Augenzwinkern am besten.

HANS-DIETER SCHÜTT: Ein später Satz von Klaus Gysi: »Ich kann ohne Gott leben, kann mir aber natürlich mein Gewissen auch nicht erklären.« Ein Satz des Staatssekretärs für Kirchenfragen.

GREGOR GYSI: Es gab Kirchenleute, die wussten, er würde bei Zusammenkünften logischerweise die Statements abgeben, zu denen er in seiner Funktion verpflichtet war. Aber dann, wenn es die Zeit ermöglichte oder das Tagungsprogramm es geradezu vorsah, steigerte er sich zu hochinteressanten Vorträgen. Ich denke, dass ihn der Kontakt zur Kirche geistig noch einmal enorm herausforderte. Er beschäftigte sich, vielleicht wie lange nicht mehr, mit existenziellen Fragen. Er war ja dann auch in dem Alter, in dem man ganz anders dazu bereit ist als in jüngeren Jahren.

HANS-DIETER SCHÜTT: Er hatte in der Kirche Partner, die ihm an anderer Stelle fehlten?

GREGOR GYSI: Sicher, er hielt mitunter offizielle Reden, die logischerweise den jeweils gerade herrschenden Tonfall der SED-Führung präzis widerspiegelten. Aber etwa in der Rede zur Ehrenpromotion in Jena 1987 sagte er, vom Redemanuskript abweichend: »In unserem Religionsverständnis gibt es heilige Kühe des Marxismus, die inzwischen zu veritablen Rindviechern abgemagert sind, aber trotzdem von Professoren noch fleißig zur Tränke geführt werden.«

HANS-DIETER SCHÜTT: Altbischof Christoph Demke hat gesagt: »Da überkam einen schon manchmal der misstrauische Gedanke, da haben sie uns ganz geschickt einen hingesetzt, mit dem es nett und angenehm ist, wir aber gar nicht merken, dass im Grunde alles beim Alten bleibt.«

GREGOR GYSI: Gingen Veranstaltungen in die offene Diskussion über, entwickelte er einen alternativen Geist, der durchaus in klarem Widerspruch zur SED-Linie stand. Das haben Leute, die dabei waren, immer wieder beschrieben. Es gibt eine Manövrierfähigkeit, die gehört eben zur Politik, wenn man praktisch sein möchte und beteiligt bleiben will.

»Interessen der Kirche, Interessen der Partei« Klaus Gysi mit Mutter Teresa, 1981 in Berlin

HANS-DIETER SCHÜTT: Als Anfang der Achtzigerjahre 1981 die pazifistischen Aufnäher »Schwerter zu Pflugscharen!« dazu geführt hatten, dass Polizei und Schulleitungen gegen Jugendliche vorgingen, sagte Bischof Albrecht, es ist in seinen Erinnerungen nachzulesen: »Staatssekretär Gysis stöhnte über so viel Unverstand.« Der Leiter des Büros, Horst Dohle, schrieb, Gysi habe laut über den Vorschlag nachgedacht, »die FDJ-Mitglieder möchten diesen Aufnäher auf ihren FDJ-Hemden tragen. Im selben Augenblick war ihm klar, wie absolut unrealistisch seine Idee war, und er beendete seinen Gedankenausflug mit dem Satz, es sei eigentlich schlimm, wie viele Entscheidungen der Sozialismus treffen müsse, die seinem Wesen völlig widersprächen.«

GREGOR GYSI: In besagter Rede in Jena sagte er über das Verhältnis von Marxisten zum christlichen Glauben: »Niemand befasst sich so sehr mit Gott wie der, der seine Nichtexistenz beweisen will.«

HANS-DIETER SCHÜTT: Glaube antwortet auf einen Mangel. Der Mensch will Hilfe. Ein Gott, der nicht hilft, ist keiner.

GREGOR GYSI: Darüber hat er mit den Vertretern der Kirche sehr intensiv gesprochen. Denn das war für ihn doch auch ein wichtiges Thema des kommunistischen Glaubens.

HANS-DIETER SCHÜTT: Es gibt Sätze von Martin Walser über Brecht, die Glauben und Tat frappierend verknüpfen: »Praxis hat wahrscheinlich damals niemand angeboten außerhalb des Marxismus. Das Christentum aller Kirchenversionen war längst auf der Gegenseite: eine Lippengebetsreligion zur Ertötung aller praktischen Bedürfnisse. Der Marxismus dagegen schien es ernst zu meinen, schien endlich ernst zu machen. Die tausendäugige Partei war die Gewähr. Es ist lächerlich, wenn heute irgendeiner, der auf dem Bizeps hiesiger Herrschaft sein hübsches Nest hat, jenem Brecht seinen Parteidienst vorwirft.« Jenem Brecht, jenem Gysi.

GREGOR GYSI: Die Funktion des Staatssekretärs für Kirchenfragen bezeichnete unser Vater als die Arbeit, »die mir am meisten gegeben hat«.

GABRIELE GYSI: Und über Gott sagte er: »Solange die Menschen Gott brauchen, gibt es Gott.« Das war seine Überzeugung.

GREGOR GYSI: Unser Vater war Staatssekretär in einer Zeit, da wollte der 1. SED-Bezirkssekretär Gerhard Müller das gesamte Eichsfeld »entkatholisieren«. Margot Honecker drohte, die kirchlichen Kindergärten zu schließen – so ist es vom Büroleiter unseres Vaters überliefert, der erhielt einen entsprechenden Bescheid aus dem Volksbildungsministerium. Das war 1978. Fünf Jahre später eröffnete Erich Honecker auf der Wartburg die Luther-Feiern. Er sprach mit Landesbischof Leich und ließ eine Pressemeldung verfertigen. Unser Vater schrieb in diese Meldung den Begriff der »garantierten Chancengleichheit« hinein. Das bezog sich auf Kinder aus christlichen Elternhäusern, auf religiös gebundene Kinder und Jugendliche. Honecker nickte das ab. Und dann kam unser Vater zu einer Volkskammersitzung, im Präsidium saß Margot Honecker, sie hatten Blickkontakt, und sie schüttelte den Kopf. Er wusste sofort, was das bedeutete. Der Passus war gestrichen. Beim Nachfolger im Staatssekretariat für Kirchenfragen hieß es später, Klaus Gysi habe damals auf der Wartburg den Generalsekretär Honecker »zu überrumpeln versucht«.

HANS-DIETER SCHÜTT: Im bereits erwähnten Interview der Reihe »Zur Person« von Günter Gaus, November 1990 im Deutschen Fernsehfunk, zog Ihr Vater Bilanz, er sprach über »eine lange Periode der Entfremdung« zwischen Führung und Massen und seine Ahnungen vom

DDR-Kollaps, als Gorbatschow auf den Widerstand der SED traf – »da hatte ich begriffen, dass eine Reform von innen heraus, aus eigener Kraft wirklich nicht möglich war«. Er redete über die Verelendung der Parteidisziplin zur »Kasernenhofdisziplin«. Er nannte das Politbüromitglied Günter Mittag einen »Lakaien«, einen Menschen, »der hätte nie in die Partei gehört, nie«. Es gab nach 1990 also selbstkritische Aussagen Ihres Vaters, was sein Funktionieren in der DDR und der SED betraf.

GABRIELE GYSI: Funktionieren! Na ja … Ich bin nicht bereit, kritische Äußerungen auch meines Vaters nach 1989 heute so zu interpretieren, als seien sie einzig ein Ausdruck lang ersehnter Befreiung von etwas, das nicht wirklich zu ihm gehörte. So war das nicht! Und so war er nicht! Auch diese selbstkritischen Töne entstanden unter einem gewissen Druck. Wie ich das vorhin schon angedeutet habe. Es sei wiederholt: Druck gibt es immer. Von heute aus ist es leicht, Beurteilungen über Vergangenes zu verteilen. Dieser Hochmut in den Verurteilungen ist schrecklich. Jeder Schauspieler weiß, das Leben ist nicht der Text, der Text ist nicht die Wahrheit.

HANS-DIETER SCHÜTT: Funktionär, das heißt: Da ist ein Mensch vor allem eines gewesen – fremdgesteuert.

GABRIELE GYSI: Ja. Und das ist ein Urteil!

HANS-DIETER SCHÜTT: Trotzdem noch mal nachgefragt: Wie ging Ihr Vater mit dem Schmerz um: Ein Staat scheiterte, eine Partei zerbrach, eine Idee wurde beschädigt.

GABRIELE GYSI: Was heißt hier Schmerz? Der Mensch steckt immer in irgendeinem Konflikt mit der Welt, es gibt keine Situation der völligen Übereinstimmung.

HANS-DIETER SCHÜTT: Also doch – Schmerz.

GABRIELE GYSI: Auch wenn es paradox klingt, man kann den Schmerz bewältigen, indem man ihn annimmt. Die Welt zerrt, ohne Rücksicht. Und zwar jederzeit. Ich sagte ja: Wenn die DDR zusammenbricht, na, da bricht sie eben zusammen. Was lebt, wird beschädigt. Das Werden und Vergehen, Aufbruch und Abbruch. Und das hat nichts mit Zynismus, hat nichts mit Fatalismus zu tun, sondern mit Neugier.

GREGOR GYSI: Natürlich gehorchte er auch, er war ein Beschlusstreuer. Aber er sah – innerhalb der ihm gesetzten Grenzen, die er anerkannte – offen auf Spannungsfelder, er öffnete sich gern den Überraschungen des Lebens.

GABRIELE GYSI: Ihn interessierten Kollisionen: Das möchte ich erleben, was jetzt passieren wird. Er wehrte sich gegen Verzweiflung. Und die DDR war schließlich nicht ein Kleinkind, auf das man aufzupassen hatte. Es war eine Konstellation, in die man hineingestellt war.

HANS-DIETER SCHÜTT: Eine Haltung, die Sie übernommen haben?

GABRIELE GYSI: Ich war ein Mensch, der in diesem Nachkriegsdeutschland mit zwei Staaten leben musste.

Ich lebte in der DDR, aber ich habe stets Deutschland gesehen und gedacht. Zwei Staaten waren entstanden, jetzt war dieses Deutschland, dem Demut gutgetan hätte, plötzlich zweimal wichtig – nach Ost und nach West. Und auf die Mauer passten sechs Armeen auf, vier ausländische und zwei nationale. Das darf man doch nicht außer Acht lassen. Man kann die Sowjetunion und somit die DDR nicht verstehen, wenn man McCarthy nicht mitdenkt, also die weltgeschichtliche Kräftekonstellation. So, wie es in der heutigen Zeit keine Bürgerkriege mehr geben kann, da keine abgeschlossenen politischen Räume mehr existieren.

HANS-DIETER SCHÜTT: Ihr Vater hat betont: »Ich glaube, dass irgendwo etwas von den Idealen weiterlebt – also wenn ich auf meinen Sohn sehe, oder auf meine Tochter.«

GABRIELE GYSI: Er hat uns Kindern ja die Fähigkeit zu einem ironischen Weltverhalten mitgegeben – und meistens hielt er aus, dass dieses Verhalten auch ihn nicht verschonte. In einem Gespräch sagte ich mal: Klar, ihr habt schon eine tolle Revolution zuwege gebracht! Er verschränkte die Arme und sagte nur: Hmmh … so, so! Ich fügte hinzu: Die Generationen nach euch könnten auch noch ein bisschen am großen Werk basteln, nicht wahr? Danach wieder sein: Hmmh … so, so! Ich: Das ist eben Quatsch! Dann mussten wir lachen.

GREGOR GYSI: Diese Aufbau-Generation war wohl der Meinung, sie würde den Sozialismus bereits zu eigenen Lebzeiten errichten, und vor allem dachte sie, sie hätte genügend Kraft, dieses Werk allein zu vollenden. Wo aber blieb Raum für die Träume der nachfolgenden Generationen?

HANS-DIETER SCHÜTT: Thomas Brasch hat dafür einen Buchtitel gefunden: »Vor den Vätern sterben die Söhne«.

GREGOR GYSI: Interessant war, wie sich meine Eltern verhielten, als ich Ende 1989 Vorsitzender der PDS wurde. Mein Vater hatte bislang wenig Ehrgeiz an den Tag gelegt, was meine berufliche Entwicklung betraf. Aber jetzt kam er zu fast jeder Veranstaltung der Partei. Vielleicht war es wie ein Trost oder eine Genugtuung: Der Sohn hilft mit, die Partei zu reformieren, mit der sein Leben so sehr verbunden gewesen ist. Obwohl er in einem Zeitungsinterview über mich sagte: »Ich hätte ihm etwas anderes gewünscht; Politik ist nun mal das härteste Geschäft der Welt.«

HANS-DIETER SCHÜTT: Und Ihre Mutter?

GREGOR GYSI: Meine Mutter hatte einen ziemlichen Ehrgeiz, was mich betraf. Sie war der einzige Mensch, der an mich zu Hause Postkarten schrieb: »An Herrn Rechtsanwalt Dr. Gregor Gysi« – sie zeigte ihren Stolz gern auch öffentlich. Bis ich mich eines Tages dagegen verwehrt habe. Aber als ich Parteivorsitzender geworden war, rief sie an und forderte mich entschieden auf, zurückzutreten. Ich fragte sie verwundert, warum. Ihre Antwort: »Weil sie dich sonst erschießen!«

»Dass etwas von den Idealen weiterlebt.« Klaus Gysi mit Gabriele und Gregor Gysi

GABRIELE GYSI: Sie hatte wirklich Angst, dass Gregor was geschieht. Im Unterschied zu uns wusste sie, was Macht und Machtkampf bedeuten. Sie hatte in ihrem Leben gelernt, mit Todesangst zu leben.

GREGOR GYSI: Wir wissen überhaupt nicht, was das ist. Mein Vater hat zu mir gesagt: Deine Mutter ist eine Frau für Kriege, Krisen, Revolution. Sie meistert alles! Dass sie meinen sofortigen Rücktritt forderte – das war dann ihre tiefe Sorge als Mutter, und diese Sorge verband sich mit der Furcht der Genossin – die sich auskannte im Jahrhundert und Bescheid wusste über die bitteren Methoden des Machtwechsels in den eigenen Reihen. Mich hat diese Reaktion berührt.

HANS-DIETER SCHÜTT: Gabriele Gysi, in einem Interview haben Sie gesagt: »Im Rückblick war der Westen provinzieller als die DDR.« Das ist erklärungsbedürftig.

GABRIELE GYSI: Provinzialität entsteht dort, wo man seine eigene Lebenserfahrung zum Maßstab für die Welt erhebt. Ja, in diesem Sinn war und ist die BRD ungeheuer provinziell. Souveränität entsteht aber nicht aus der Tatsache, dass man im Urlaub weit verreist war. Für die Ostdeutschen war die Weite Welt etwas, das man sich gedanklich erarbeiten musste. Weil ein paar Meter weiter die unüberwindliche Mauer stand. Jeder Ostdeutsche wusste also um seinen begrenzten Horizont, das machte die Leute klüger im Umgang mit ihren eigenen Grenzen. Es beflügelt auch die Fantasie.

HANS-DIETER SCHÜTT: Zum Schluss unseres Gesprächs ein Zitat von Hans Modrow: Klaus Gysi sei der »richtige Mann für Schnittpunkte« gewesen. Der Mann für neuralgische Konstellationen. Für die Spannungsfelder an komplizierten Wegscheiden.

GREGOR GYSI: Er übernahm Funktionen dort, wo kulturpolitische, gesellschaftliche Konflikte einen Brückenbauer erforderten.

HANS-DIETER SCHÜTT: Man benötigte einen charakterfest Geschmeidigen, einen wendig Standpunktfesten.

GREGOR GYSI: Ich glaube, er stand für die Wahl des Richtigen am richtigen Ort zur richtigen Zeit. Verlagsleiter nach den Aufständen in Ungarn und Polen und den intellektuellen Wellen, die bis Berlin schlugen; Minister nach dem kulturellen Kahlschlag-Plenum der SED; erster Botschafter der DDR in Rom, um das Verhältnis der SED zu den Eurokommunisten um Enrico Berlinguer und auch zum Vatikan zu verbessern; Staatssekretär für Kirchenfragen in gespannter Zeit zwischen Entspannung und festgezurrter Ideologie. Das war Jahre nach dem Treffen von Erich Honecker mit Bischof Albrecht Schönherr und weiteren Spitzen der evangelischen Kirchen, im Jahr 1978.

HANS-DIETER SCHÜTT: Ihr Vater war nie Kandidat oder Mitglied des Zentralkomitees.

GREGOR GYSI: Bei all seiner speziellen Art: Ein bisschen hat ihn das verletzt. Sie haben ihn immer auch ein bisschen benutzt. Bei der Trauerfeier für unseren Vater, 1999, hat Altbischof Albrecht Schönherr an Fred Düren erinnert. Er und unser Vater waren Freunde. Düren war übrigens der Faust in jener Inszenierung von 1986 am Deutschen Theater, und unser Vater hat Düren sehr geholfen, als der nach Israel ausreisen wollte. Als unser Vater todkrank war, kam Nachricht aus Jerusalem. Fred Düren schickte das Wort aus dem 121. Psalm: »Richtet euren Sinn auf die Ringmauer … Er führt über das Sterben hinaus.« Als seine Frau Birgid ihm diese Worte vorlas, hat unser Vater noch einmal seine Augen geöffnet und angezeigt: Ich habe verstanden.

GABRIELE GYSI: Der Theologe Paul Oestreicher hat über unseren Vater gesagt: »Klaus Gysi konnte gut mit Klaus Gysi leben.« Es ist ein großes Glück, wenn ein Mensch einverstanden ist mit sich selbst.

HANS-DIETER SCHÜTT: Oestreicher ist ein anglikanischer Pfarrer, er war Leiter des Versöhnungszentrums der Kathedrale von Coventry in England.

GABRIELE GYSI: Zum ersten Todestag unseres Vaters, im Jahr 2000, gab es eine Veranstaltung in der Volksbühne am Rosa-Luxemburg-Platz, Oestreicher hat da gesprochen und von seinen Begegnungen mit Klaus Gysi erzählt. Oft habe unser Vater betont, er sei eigentlich ganz froh, nicht so hohe politische Ambitionen gehabt zu haben – um nicht die volle Verantwortung tragen zu müssen. Oestreicher wörtlich: »In jedem Gesellschaftssystem ist es eine wichtige Frage, wie die Ausführenden ihre Sache tatsächlich ausführen. Klaus jedenfalls hat versucht, sie menschlich auszuführen, so menschlich, dass so manche kirchlichen Behörden, die mit ihm zu tun hatten, damit ihre Probleme bekamen, genau wie er mit ihnen Probleme bekam. Und er hatte Spaß an dieser komplizierten Materie. Ich muss gestehen, manchmal war es schwer zu verstehen, was er meinte. Aber das war nun wieder sehr jüdisch an ihm, immer wieder eine Frage mit einer anderen Frage zu beantworten.« Er hatte eben Spaß an der Gegenfrage.

GREGOR GYSI: Er war, das kann man auch sagen, ein Schlawiner.

GABRIELE GYSI: Das hat Oestreicher auch gesagt – und definiert, was in seinem Elternhaus über Schlawiner gesagt wurde. Es sind Leute, die einem sympathisch sind, die man aber nie ganz fassen kann. Und die auch ein bisschen zweideutig reden. Zweideutig reden und zweideutig sind.

GREGOR GYSI: Du meinst: etwas anstößig?

GABRIELE GYSI: Nicht ich, Oestreicher meinte das. (*Lacht.*) Oestreicher sprach von schönen späten Nächten im Interhotel »Stadt Berlin«, im Dachrestaurant. Er sagte: »Wenn ich von ihm zum Abendessen eingeladen war und eine schöne Frau mitbrachte, dann lief er zu großer Form auf.«

HANS-DIETER SCHÜTT: Über SED-Prominenz unterhalb der Politbüro-Ebene gab es kaum Witze. Ihr Vater war eine Ausnahme.

GREGOR GYSI: Ja. Er fährt als Botschafter mit dem Papst im offenen Wagen durch Rom, und die Frauen am Straßenrand tuscheln einander zu: Wer ist denn dieser Mann in Weiß neben Klaus Gysi? Und noch einen Witz gab es. Die DDR-Führung wollte ihn als Botschafter ablösen. Warum? Weil es ihm nicht gelungen sei, den Papst für die renommierteste Unterhaltungssendung des DDR-Fernsehens, den »Kessel Buntes«, zu gewinnen. Mein Vater kannte den Witz nicht. Er kam aus Rom zu Besuch, ich erzählte ihm diesen Witz. Typisch mein Vater: Er setzte noch eine Pointe drauf. Wie bitte? Er habe den Papst nicht für den »Kessel Buntes« gewinnen können? Glatte Lüge! Natürlich habe er ihn für die Sendung gewonnen! Gescheitert sei der Auftritt trotzdem, denn der Papst wollte zwei Choräle und nur einen Schlager singen – aber die DDR-Führung bestand auf zwei Schlagern und nur einem Choral.

HANS-DIETER SCHÜTT: Bestimmt mochte Ihr Vater jüdische Witze.

GREGOR GYSI: Einen erzählte er besonders gern. Sagt ein Jude zum anderen: »Du siehst ja so verdrießlich aus.« Antwortet der andere: »Ja, ich bin sauer. Ich habe den Rabbi gefragt, ob ich beim Lesen der Thora rauchen darf. Er hat das entschieden verneint.« – »Du bist aber auch blöd«, sagt der Freund, »du hättest anders fragen müssen: Ob man beim Rauchen die Thora lesen darf.«

GABRIELE GYSI: Irgendwann, so mit drei, vier Jahren, muss ich ihn mal mit Fragen genervt haben, warum macht der dies und der andere tut das, warum sagt der dies oder das. Er hat mich offensichtlich ernst genommen und sagte: »Hör mal her, es gibt so viele Mittelpunkte auf der Welt wie Menschen.« Seitdem wurde es mir im Umgang mit anderen Menschen nie langweilig. Mir stand immer ein neuer Mittelpunkt, ein eigener Kosmos gegenüber. Als ich wegging aus der DDR, erinnerte ich meinen Vater an diesen Satz: Das hättest du mir eben nicht sagen dürfen. Er staunte und gestand, diesen Satz aus Lion Feuchtwangers »Jüdischem Krieg« geklaut zu haben. »Dort muss ein römischer Senator ins Nachbarland fliehen. Er wird Bettelmönch. Die Sprache dieses fremden Landes kennt er nicht. Nach einiger Zeit beginnt er, die ihm bisher unverständlichen Worte der Menschen um ihn herum zu verstehen. Da beginnt er zu begreifen, dass es so viele Mittelpunkte auf der Welt gibt wie Menschen. Und Rom ist nicht der Mittelpunkt der Welt.« Rom, welchen wechselnden Namen es auch immer tragen mag, ist wirklich nicht der Mittelpunkt der Welt.

Beide lachen plötzlich und sagen, wie aus einem Mund: »Aber wir beide schon …«

KLAUS GYSI

1912
geboren am 3. März in Berlin

1928
Mitglied des Kommunistischen Jugendverbandes und des Sozialistischen Schülerbundes

1931
Abitur in Darmstadt. Studium der Volkswirtschaft in Frankfurt (Main), Paris, Innsbruck und Berlin. Eintritt in die KPD

1935
Relegation von der Universität Berlin

1936
Aufenthalt in Cambridge

1939
Mitglied der Studentenleitung der KPD in Frankreich

1939/40
Internierung in französischen Lagern

1940
auf KPD-Beschluss Rückkehr nach Deutschland, illegale politische Tätigkeit. Freischaffend als wissenschaftlicher Mitarbeiter des Verlages Hoppenstedt & Co. in Berlin, Spezialarchiv der deutschen Wirtschaft

1945
stellvertretender Bezirksbürgermeister und Mitglied der KP-Kreisleitung Berlin-Zehlendorf. Chefredakteur der kulturpolitischen Monatszeitschrift »Aufbau« (bis 1948). Mitglied des Präsidialrates des Kulturbundes

1946
Mitglied der SED

1949
Sekretär des Kulturbundes (bis 1951). Abgeordneter der Volkskammer (bis 1954)

1951
Funktionsverbot wegen angeblicher Unklarheiten in seiner Vergangenheit (1940–1945)

1952
stellvertretender Abteilungsleiter und Leiter des Ressorts »Deutsche Literaturgeschichte« im Verlag Volk und Wissen (bis 1957)

1957
Mitglied des Präsidiums des Kulturbundes (bis 1977). Leiter des Aufbau-Verlages (bis 1966)

1959
Vorsteher des Börsenvereins der Deutschen Buchhändler zu Leipzig (bis 1966)

1966
Minister für Kultur in der DDR (bis 1973)

1967
Mitglied der Volkskammer der DDR (bis 1990)

1973
Botschafter der DDR in Italien und Malta (bis 1978)

1979
Generalsekretär des Komitees für Europäische Sicherheit und Zusammenarbeit. Staatssekretär für Kirchenfragen (bis 1988)

1990
Mitglied der PDS

1999
gestorben am 6. März in Berlin

Verwendete Literatur:

Gunnar Decker: 1965 – Der kurze Sommer der DDR. München 2015

Horst Dohle, Joachim Heise (Hrsg.): Klaus Gysi – Staatssekretär für Kirchenfragen 1979–1988. Berlin 2002

Elmar Faber, Carsten Wurm (Hrsg.): »… und leiser Jubel zöge ein.« Autoren- und Verlegerbriefe 1950–1959. Berlin 1992

Elmar Faber, Carsten Wurm (Hrsg.): »Das letzte Wort hat der Minister«. Autoren- und Verlegerbriefe 1960–1969. Berlin 1994

Günter Gaus: Porträts in Frage und Antwort. Berlin 1991

Andreas Goldstein: Der Funktionär. Dokumentarfilm. Berlin 2019

Gregor Gysi: Ein Leben ist zu wenig. Autobiographie. Berlin 2017

Hans-Dieter Schütt: Klaus Gysi – Zwischen Buch und Botschaft. Berlin 2019

Bildnachweis:

Aus dem Privatarchiv der Familie Gysi: S. 24, 26, 60, 102, 111, 139, 153

Akg-images: S. 95
Bildarchiv Pisarek/Akg-Images: S. 66
Eastblockworld.com: S. 21, 76, 132
Thomas Sandberg/OSTKREUZ: S. 6, 139
Ullstein Bild/dpa: S. 122
Ullstein Bild/etty Images: S. 92

Kardinal Casaroli fragte mich, ob wir Marxisten meinen, die Gesetze der Geschichte erkannt zu haben. Ich denke, wir haben einige im Ansatz vage erfasst. Marx und Engels entwarfen doch wirklich nur ein grobes Gerüst einer langen Entwicklungsetappe der Menschheit. Und es ist bedauerlich, dass ihnen zu wenig Zeit blieb, auf den gesellschaftlichen Überbau und damit die sogenannten menschlichen Fragen näher einzugehen. So machte sich eine vulgarisierte Vorstellung breit: Ändere man die Verhältnisse, würden sich damit automatisch und entsprechend rasch auch die Menschen ändern. Die Dinge liegen aber nun mal viel komplizierter.

KLAUS GYSI

»Ein Sinn für Schabernack« Klaus Gysi mit Kindern Gabriele und Gregor, 1948

Gabriele Gysi. 1946 in Berlin geboren. Sie studierte von 1966 bis 1970 an der Schauspielschule Berlin, später dann Philosophie an der Humboldt-Universität. Von 1970 bis 1985 war sie an der Volksbühne Berlin als Schauspielerin engagiert und spielte unter der Regie von Frank Castorf am Theater Anklam, wo sie auch ihr Regiedebüt gab (»Die Gewehre der Frau Carrar« von Bertolt Brecht). 1985 verließ sie die DDR und war als Schauspielerin am Schauspielhaus Bochum unter der Leitung von Claus Peymann tätig. Es folgten Regiearbeiten u. a. in Oberhausen, Münster, Tübingen, Mainz, Rostock, Bonn, Köln, Karlsruhe, Berlin. Von 2006 bis 2008 war sie erst persönliche Assistentin, dann Chefdramaturgin der Volksbühne Berlin. Lehraufträge u. a. in Rostock, Köln, Bern, Leipzig.

Gregor Gysi. 1948 in Berlin geboren. Er studierte von 1966 bis 1970 Rechtswissenschaft an der Humboldt-Universität zu Berlin. Ab 1971 einer der wenigen Rechtsanwälte in der DDR. In dieser Funktion verteidigte er auch Systemkritiker wie Robert Havemann und Rudolf Bahro. 1976 Promotion zum Dr. jur. mit der Arbeit »Zur Vervollkommnung des sozialistischen Rechtes im Rechtsverwirklichungsprozess«. Von Dezember 1989 bis Januar

1993 war er Vorsitzender der PDS. Ab Oktober 1990 Mitglied des Deutschen Bundestages, von 1990 bis 2015 (mit einer Unterbrechung von 2000 bis 2005) Fraktionsvorsitzenden der PDS und der Linkspartei. Bücher im Aufbau-Verlag: »Was bleibt« (Gespräch mit Friedrich Schorlemmer), »Ein Leben ist zu wenig. Die Autobiographie«, »Marx und wir«.

Hans-Dieter Schütt. 1948 in Ohrdruf (Thüringen) geboren. Er studierte von 1969 bis 1973 Theaterwissenschaften in Leipzig. Journalist bei den Tageszeitungen »Junge Welt« und »Neues Deutschland«. Bücher im Aufbau Verlag: »Kurt Böwe: Der lange kurze Atem« (Biografie, aufbau-taschenbuch), »Regine Hildebrandt: Ich weiß doch, was hier los ist« (Biografie), »Was bleibt« (Gespräch zwischen Gregor Gysi und Friedrich Schorlemmer), Dieter Mann »Schöne Vorstellung« (Eine Autobiografie in Gesprächen).

Philipp Winkler
Carnival
119 Seiten. Gebunden mit Schutzumschlag
ISBN 978-3-351-03828-1
Auch als E-Book erhältlich

Ein Gesang aus der Welt der Schausteller und Freaks

In seinem gefeierten Debütroman »Hool« hat Philipp Winkler Menschen eine Sprache gegeben, die keine haben: Heiko Kolbe und seinen Blutsbrüdern, den Hooligans. Nun spinnt Winkler diese Idee fort. Sein Erzähler beschwört einen Reigen der Träumer und Traurigen, der Unerschütterlichen und Unverstandenen herauf: das Personal eines über das Land ziehenden Wanderjahrmarkts. In einer ganz eigenen, nie gehörten, singenden Sprache eröffnet uns Philipp Winkler einen Einblick in ein Universum, das – ganz wie unsere süßesten Träume von früher – aus Riesenrädern, Zuckerwatte und ein bisschen dreckigem Feenstaub besteht.

Regelmäßige Informationen erhalten Sie über unseren Newsletter. Jetzt anmelden unter: www.aufbau-verlag.de/newsletter

aufbau

16.– / 4 –

216